행복해지는 약

행복해지는 약

초판 1쇄 발행 2012년 7월 18일

지은이 | 장혜숙
펴낸이 | 김예옥
펴낸곳 | 글을읽다

437-829 경기도 의왕시 포일동 83-1(2F)
등록 2005.11.10 제138-90-47183호
전화 031)422-2215, 팩스 031)426-2225
이메일 geuleul@hanmail.net

디자인 | 조진일

ISBN 978-89-93587-11-1 03010

*책값은 뒤표지에 표시되어 있습니다. 잘못된 책은 바꾸어 드립니다.

장 혜 숙 | 수 필 | 북 아 트

행복해지는 약

글을읽다

| 격려의 글 |

학생정신에 사로잡혀

어디서 와서 어디로 가는가? 알 것도 같고 모를 것도 같다. 어느 분은 "나는 내가 어디에서 와서 어디로 가는지 안다"고 말했지만 누구나 그렇게 말할 수 있는 것은 아니다. 기원과 목표를 분명히 알고 사는 것과 그렇지 못한 것 사이에는 넘을 수 없는 심연이 있다. 질문을 던지지 않을 때 삶은 평범하지만, 질문을 던지는 순간 삶은 문제가 된다. 누구에게나 들어맞는 보편적인 답은 없다. 각 사람은 상황이 제기하는 질문에 성심껏 응답하며 살아야 한다. 절대적인 옳음도 그름도 없다. 그렇기에 우리는 각자에게 품부된 삶에 성실했는가를 묻는다. 상황이 제기한 질문에 등을 떠밀리듯 살아가는 이도 있지만, 그 상황을 자기 리듬에 따라 재구성하며 살아가는 이들이 있다.

질문을 조금 바꿔 본다. 우리는 왜 이 세상에 왔는가? 어떤 이는 사랑을 배우기 위해서 왔다고 하고, 어떤 이는 무자비한 운명에 의해 던져졌다고 말하기도 한다. 모두를 만족시킬 수 있는 답은 여기도 없다. 남는 것은 또다시 질문이다. 질문을 던지는 것, 그것은 상황에 포박당하기를 거부하는 것이다. 현실을 떠나 살 수는 없지만, 현실의 규정에 의해 지배되지는 않겠다는 결기가 살아있을 때 삶은 팽팽해진다. 질문을 던지는 게 인생이라면 우리의 세상살이는 답을 찾아가는 과정, 즉 끝없는 배움의 과정이라 할 수 있겠다. 그렇다면 성실한 삶이란 결국 배우는 자로 살아가는 것이라고 말해도 좋을 것이다. '학생정신'이야말로 삶을 삶답게 살아내기 위한 요체라는 말이다.

이미 회갑이 지났지만 장혜숙은 학생정신이 충만한 사람이다. 그는 스스로를 전업주부라고 말한다. 돈벌이를 하지 않는다는 점에서는 맞는 말이다. 하지만 전업주부라는 기표 속에 담긴 부정적 함의가 그에게는 적용되지 않는다. 그가 가정에서 하는 노동은 '그림자 노동'이 결코 아니다. 그는 '노동하는 동물Animal laborans'로서 자기를 착취하는 사람이 아니라, 자기 노동의 의미를 묻는 '제작자Homo faber'이다. 따라서 '학습된 무기력'이라는 말이 그에게는 해당되지 않는다. 그는 가정을 자기에게 주어진 아주 중요한 삶의 자리로 받아들인다. 어느 시인이 팔순의 어머니가 하루도 거름 없이 하얀 행주로 항아리를 닦는 모습을 지켜보며 장독대야말로 어머니의 성소聖所라고 노래했듯이, 살림살이 공간인 가정은 장혜숙에게 거룩한 공간이다.

그는 '살린다'는 뜻이 이중적으로 내포된 '살림살이'라는 단어에 잘 어울리는 사람이다. 그의 맵짠 살림솜씨를 곁에서 지켜보는 사람들은 그가 타고난 살림꾼이라는 데 이의를 제기하지 않는다. 여러 날 집을 비울 때 가족들을 위해 음식을 준비하고 그것을 일자별로 냉장고에 넣어놓는 치밀함을 누가 따라갈 수 있으랴. 그는 에너지 낭비를 줄이기 위해 큰 냉장고를 구입하지 않고, 푸성귀 하나까지도 일일이 자기 손으로 다듬는 사람이다. 여퉈두었던 자투리 천이나 종잇조각 하나, 여행지에서 가져온 티켓까지도 그는 심상히 다루지 않는다. 그 모든 것이 삶의 한 부분이기 때문이다. 그는 삶의 모든 순간을 성사聖事적으로 받아들인다. 늘 바쁘게 지내지만 진동한동 서두르는 기색이 없는 것은 그 때문이다.

지금 작가의 학생정신이 머물고 있는 자리는 미학인 듯하다. 그는 한동안 인터넷 공간에서 미술작품을 읽어주는 역할을 했다. 유럽에 머무는 동안 미술관에서 만났던 작품들 하나하나가 자기 영혼에 일으킨 파장을 현학을 배제한 진솔한 언어로 기록했던 것이다. 그중에는 대중들에게 널리 알려지지 않은 작품들도 많았다. 귀국한 후에는 미술사에 대한 공부를 체계적으로 하기 위해 과정을 밟기도 했다. 지금은 여러 해째 리움미술관의 도슨트로 일하면서 사람과 작품 사이에 다리를 놓는 일을 하고 있다.

책을 사랑하고 그림을 사랑하는 작가가 북아트의 세계에 당도하게 된 것은 어쩌면 당연한 일인지도 모르겠다. 그의 작업은 지인들이 발간한 책이나, 낡았지만 갈피마다 소중한 기억이 새겨진 책, 다양한 메모쪽지에 새로운 옷을 입히고 싶다는 소박한 바람에서 시작되었다. "북아트는 내게 살림과 분리된 예술이 아니라, 살림 속의 한 부분일 뿐"이라는 작가의 고백은 조금의 과장도 없는 진심이다.

그러나 이제 그가 만드는 '예술가의 책'은 살림의 한 부분에 머물지 않는다는 것이 내 판단이다. 어쩌면 종이책이 홀대받고 있는 세상에서 종이책의 아름다움을 사람들에게 환기시키고 싶다는 내적 열망이 그를 밀어붙이고 있는지도 모르겠다. 북아트 작품은 '책'하면 떠오르는 정형화된 생각을 해체한다. 언어적 메시지를 시각적으로 전환시키거나, 창조적으로 결합시킴으로써 어떻게 의미가 발생하는지를 보여주기도 한다. 형식과 내용을 자유롭게 구성할 수 있기 때문에 사람들로 하여금 자기만의 이야기를 담은 책을 만들고 싶다는 열망을 불러일으킬 수도 있다.

작가가 가장 고심하고 있는 부분은 북아트 작품에 담아야 할 내용이다. 인간은 서사적 정체성을 갖고 있는 존재이다. 인간은 누군가가 만들어 놓은 이야기 안에서 사는 존재인 동시에 스스로 이야기를 빚어내는 존재이기도 하다. 북아트의 제작자가 그 속에 담길 내용에 관심을 갖는 것은 그런 의미에서 당연하다.

어떤 형태로든 책을 구성하거나 제작하는 일은 글쓰기와 무관할 수 없다. 그럼에도 불구하고 사람들은 선뜻 글쓰기의 모험을 시도하지 않는다. 글쓰기는 작가들이나 특별한 사람들의 전유물이라고 생각하기 때문이다. 하지만 장혜숙은 글쓰기를 두려워하지 않는다. 무엇보다도 잘 써야겠다는 강박관념이 없기 때문일 것이다. 그의 글감은 언제나 소박한 일상의 경험이다. 그의 글이 신변잡기로 떨어지지 않는 것은 현실을 바라보는 그의 시선이 관습적이지 않기 때문이다. 그는 사람들이 현실에 길들여져 당연하게 생각하는 일에 의문부호를 붙이기를 주저하지 않는다. 그의 글이 감동을 주는 것은 '참다움'과 '그럴듯함'을 담보하고 있기 때문이다. 북아트 작품 하나하나의 형태와 그 속에 담길 내용의 창조적인 결합이 어떤 의미작용을 일으킬지 기대가 된다.

세월이 가도 시들지 않는 학생정신이 작가를 어디로 인도할지는 알 수 없지만, 분명한 것은 그가 멈추지 않을 것이라는 사실이다. "물 냄새 맡고 달리는 사막의 약대처럼/스며든 빛 잡으려 허우적거리는 움 속의 새싹처럼/가쁜 숨으로/떨리는 맘으로"(함석헌, 「대선언」 일부) 오늘도 내일도 참을 향해 나아가기를 기원한다.

청파교회 담임목사

김기석

| 프롤로그 |

북아트는 살림의 한 부분

우연히 H대 미술교육원에 어린이 북아트 지도자과정이 있다는 것을 알게 됐고 북아트의 기초과정을 수강했다. 그동안 알지 못했던 색다른 바인딩 기법도 배우고 틈 날 때마다 책 만들기에 열중했다. 책 만드는 매력에 푸욱 빠진 나는 이제 '책 만드는 할머니'로 늙어가고 있다.

내겐 북아트를 해야 할 충분한 이유가 있다. 고물상처럼 끌어안고 있는 숱한 묵은 물건들, 남 보기엔 쓰레기 같은 낡은 메모쪽지들, 그런 것들조차 버릴 수 없어서 먼지 앉은 상태로 쌓아두고 있다. 내 주변엔 자신의 책을 출간한 사람들이 상당히 많아서 표지 장정을 새로 할 책들도 많다. 책을 출간한 그들 모두가 다 나의 사랑하는 사람들이기 때문이다. 무엇 하나 제대로 하는 것은 없으면서 이것저것 관심이 많은 나. 여기저기 기웃거리며 즐긴 학습놀이들. 그 자료들도 제법 많이 쌓여있다.

점점 삭아가고 있는 아버지의 책들. 목소리로 교훈하신 적은 없지만, 간직하고 있던 책으로 내게 많은 가르침을 주시고 나와 교감하시는 아버지. 그 책들을 잘 닦고 산성화 방지를 하는 일이 내게 주어졌다. 출판할 가치를 인정받지 못할 끄적끄적 써놓은 글 나부랭이들도 제법 많이 있다. 이렇게 책으로 만들어야 할 자료들이 잔뜩 쌓여있고, 그래서 내겐 북아트를 해야 할 충분한 이유가 있는 것이다.

북아트 전시회를 연다. 이는 예술활동이라기보다는 살림의 한 부분일 뿐이다. 북아트 전시회를 목적으로 밤새 준비한 적도 없고, 작품이 뜻대로 되지 않아 스트레스를 받은 적도 없기 때문에 '애썼다'는 말은 듣기 거북하다. 가족이 살아온 흔적들을 단정히 정리하고, 책을 기증한 지인들이 많아서 그 책들 장정을 좀 바꾸고, 재미로 이것저것 공부한 자료들을 묶었는데 그 분량이 제법 많아졌을 뿐이다.

나의 북아트 작품에서는 콘텐츠가 가장 중요하다. 책에는 그래도 뭔가 읽을거리가 있어야 한다는 것이 구식 사고방식인지……. 작품을 만들 때 가장 많은 시간을 들인 것도 책의 내용이었다. '이쯤에서 전시회를 좀 해볼까' 하는 생각을 하면서 가장 고민한 것도 '책의 내용들을 관람객들에게 어떻게 보여줄까' 하는 전시 방법이었다. 눈으로만 보는 책은 그 겉모습만 볼 수밖에 없으니 말이다. 책은 펼쳐보고 내용도 훑어보고 그래야 제대로 보는 것이 아닐까 하는 생각, 이 또한 구식 사고방식일런가.

책의 내용이나 자료들은 '세월'이란 단어를 써도 좋을 만큼 시간이 흐른 것도 있는데, 책 작업을 시작하여 완성하는 데는 하루면 족하기도 하고, 눌러두는 시간까지 더해도 며칠이면 완성이 된다. 두터운 시간의 두께, 그 단층들을 어떻게 보여주면 좋을까.

오랜 기간 동안 공부한 자료들을 한 권의 책으로 묶으며 이런 생각을 하기도 했다. 화가는 작품 열 점으로 개인 전시회를 할 수도 있는데, 책은 열 개의 그림으로 표지까지 합쳐도 겨우 7장인 얇은 책 한 권밖에 만들 수 없다는 생각.

전시장을 대관할 때부터 도록을 만들며 작가 프로필을 쓸 때까지 많은 고민을 했다. 정규 미술교육을 받은 것도 아니고, 북아트와 관련된 일을 한 경력은 물론 전시경력도 없는 나이므로 작가 프로필에 써넣을 말은 아무것도 없다. 판화, 일러스트, 회화, 시각디자인, 그런 것들과 거리가 먼 살림꾼이었을 뿐인 내가 가장 자랑스럽게 내세울 것은 '전업주부'라는 것뿐인데, 이것이 북아트 전시 작가 프로필에 가당하기나 하단 말인가?

시쳇말로 무식하면 용감하다는 말이 있는데 나는 무식하고 용감한 길을 택하기로 했다. 그래서 나의 프로필 중에 가장 뛰어난 부분은 '전업주부'와 '독학'이라는 말이다. '전업주부'와 '독학'이라는 쑥스러운 프로필을 쓰면서 감히 어떤 사명감을 느끼기까지 한다. 앞으로 화려한 경력이 없어서 주저하는 많은 전업주부들이, 독학생들이 자랑스런 전시회를 열 수 있게 되기를. 그 문을 지금 내가 연다.

전시회를 준비하며

2012년 4월

장혜숙

| 차례 |

격려의 글 • 5

프롤로그 • 10

1 행복해지는 약

2 글에 대한 끝없는 생각

수필이란 무엇일까? • 55
12월의 장미 • 60
나의 글쓰기 연습 • 66
말[言語]에 대한 끝없는 생각들 • 72
생각은 힘이 세다 • 79
〈솔베이지의 노래〉를 들으며 • 82
시詩는 풍경 소리가 되어 • 86
시인님들 보셔요! 1 • 89
시인님들 보셔요! 2 • 97

3 나무에 대한 기억

청색시대; 오늘 아침 습도는 / 런던은 늘 젖어있다 / 슬픈 맥주 그리고 마림바 • 107
구스타프 클림트 〈죽음과 삶〉 • 121
나무를 그리다 • 125
나무에 대한 기억 • 129
봄 앓이 • 132
생각의 꼬리잡기 놀이 • 137
우리가 꽃들에게 지은 죄 1 • 141
우리가 꽃들에게 지은 죄 2 • 146
못난 여자의 변辯 • 152
아들의 결혼 • 160
한강로에서 • 166

4 가을 기도

가을 기도 • 173
대재앙을 바라보며 드리는 기도 • 180
무지한 해석(?) • 185
미술관과 교회 • 188
빛과 색깔 • 192
축구선수와 청소부 • 198
제사는 우상에게 절하는 것인가? • 201

5 살림하는 여자

밀레니엄 맞이 냉장고 청소 • 207
바짓단 늘리기 • 209
밥을 푸다가 별 생각을 다 • 213
봄밤 • 218
집밥 • 221
참 단순하게도 그깟 맛난 음식에 행복해하지 • 224

6 아름다운 집

아름다운 사람 • 231
아름다운 집 • 241
가슴에 소중한 씨앗 하나 품고 • 246
관계 • 250
인간 중심적 사고 1 • 257
인간 중심적 사고 2 • 260
인터넷과 나 • 262
콤플렉스, 그와의 시소 놀이 • 269

에필로그 • 277

1

행복해지는 약

북아트 개인전 스케치

전시내용 사랑하는 사람들, 아름다운 세상 그리고 나

전시일정 2012. 7. 18-7. 24 (10:00-18:00) **전시장소** 경인미술관 제5전시실

1. 사랑하는 사람들

내 삶의 원동력이 되는 사랑하는 사람들.
첫 눈발이 흩날리기 시작하면 얼른 전화를 걸어 성급한 눈 소식을 전하고, 비가 오면 비가 와서 메일을 쓰고, 맛있는 것이 있으면 생각나는 사람들. 새싹이 돋아도, 꽃이 피고 열매가 맺혀도, 그 소식을 빨리 전해주고 싶은 사람들. 그들은 모두가 다 나의 사랑하는 사람들이다. 서로 사랑이거나 짝사랑이거나, 피붙이거나 남남이거나.

지인들이 출간한 책 표지 바꾼 것, 가족들에 대한 기록 – 사진, 메모, 보관용품 정리, 친구의 작품 – 사진, 시, 편지 등 모두 55작품.

2. 아름다운 세상

우리가 사는 세상은 아름답다.
눈에 사랑이라는 콩깍지가 씌워지면 세상은 참으로 아름답게 보인다. 초라하거나 누추하거나, 또는 피폐하거나, 어떠한 일그러짐도 사랑의 안경을 끼고 보는 세상은 아름답기만 하다.

자연의 풍경 이미지, 사계절 변화, 도시의 모습, 사회의 기록, 폐품 활용 등 모두 35작품

3. 호모 루덴스, 나

나는 놀기 좋아한다. 남들과 어울려 노는 것도 좋아하고, 혼자 노는 것도 좋아한다. 혼자서도 잘 논다. 놀이에 빠지면 내 시계는 고장 나서 멈추고, 신은 내게 25시를 허락해주신다.

나의 놀이들 ; 글놀이 말놀이, 그림놀이 만들기놀이, 탐구놀이 – 신화, 건축, 음악, 심리, 잡식성의 탐구놀이. 살림놀이 – 바느질, 요리 등 모두 59작품

4. 기타

웨딩 패키지, 동양식 바인딩, 노트, 앨범, 사진 프레임 다수.

〈나은아 사랑해〉
228×130×45mm, 박스, 혼합매체, 2009.

나은이 어록 ;

"여보!" 할아버지를 쫓아가며.

"나은 엄마!" 엄마를 부르는데.

"할아버지, 우리 뭐 사먹기 놀이할까? 아이스크림 사먹기 놀이하자."

"나는 김나은이야. 얘는 할머니라고 해." 놀이터에서 만난 또래에게 할머니를 가리키며.

"이거봐 내가 얌전해지잖아." 〈일곱 송이 수선화〉 음악을 들으며.

〈나은이와 인어공주〉 190×220mm, 2011.

〈나은이〉
160/500×180mm, 2010.

〈내 사랑 수정이〉 Dia70mm, 화장품 용기 재활용, 2008.

〈낙엽〉
3D 설치미술, 혼합매체.

〈하빈 공주〉 140×185mm, 2011.

〈하빈이〉 195/750×170mm, 2011

〈어머니와 함께한 여행〉 155×220mm, 44쪽, 2010.

나는 이런 책을 만들기 위해서 북아트를 시작했다.

〈**밀레니엄, 파리**Millennium Paris〉 160/600×340mm, 샌드페이퍼에 오일 파스텔, 2008.

〈**카페Café**〉 120/240×180mm, 커피 필터 재활용, 2008.

〈도시City〉 20×225×95mm, 수채화, 2010.

〈차일드 하롤드의 순례Childe Harold's pilgrimage〉 90/500×280mm, 바틱종이 표지, 2008.

〈서커스Circus〉 150×210×320mm, 혼합매체, 2008.

〈**신문에는**In Newspapers〉 180/550×185mm, 페이퍼커팅, 2011.

〈**만다라**〉 155/700×300mm, 오일펜 드로잉, 2010.

〈뮤즈Muse〉 225×225mm, 2011.

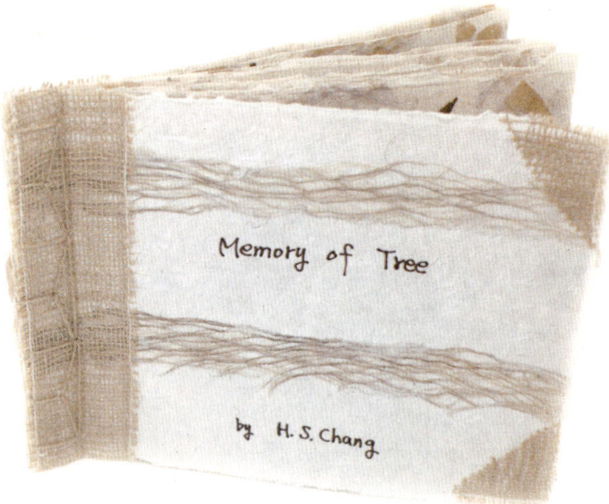

〈나무의 기억Memory of Tree〉 320×240mm, 수제종이, 나뭇잎, 2009.

〈모세Moses〉 190×80×240mm, 혼합매체, 2010.

〈4 복음서의 상징들Symbols of the four evangelists〉
155×220mm, 68쪽, 2011.

〈가을의 노래〉
220×230×300mm, 2010.

〈**건물 사진 모음**〉, 〈**나의 건축용어 사전**〉 155×220mm 78쪽, 도자도 바인딩, 2012.

〈궁남지 홍련〉 235×300×27mm, 박스, 2010.

〈그 바다에 와서〉 설치미술, 혼합매체, 2011.

〈바다 소리〉 3D 설치미술, 혼합매체, 2009.

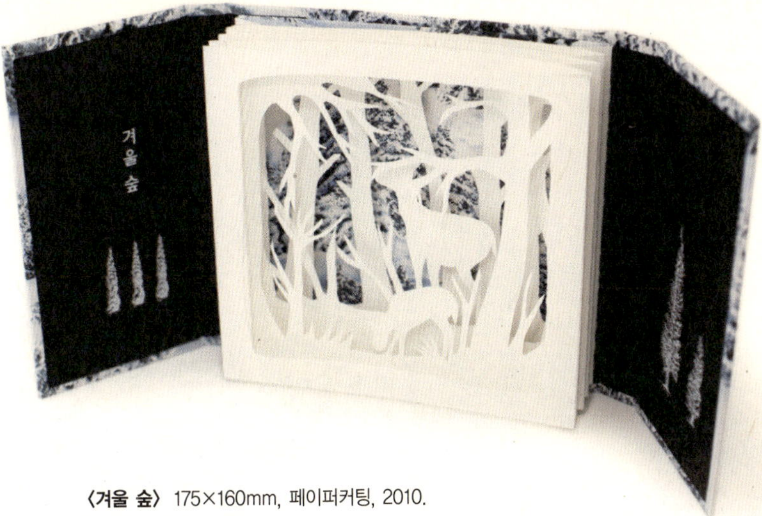

〈**겨울 숲**〉 175×160mm, 페이퍼커팅, 2010.

〈**작은 박물관**〉 120/300×230mm, 2010.

〈애프리〉 Dia220 H200mm, 2008.

사람은 죽으면 별이 된다고 한다.
애프리는 죽어서 무엇이 되었을까…….

〈어디로 가고 있는가〉 125/600×260mm, 2012.

어디로 가고 있는가
나는 어디 있지?
그는 어디 있지?
모두들 어디로
가고 있는가.

공간을 지나
시간 속으로
시간 속으로
가고 있는 나
또는 그
그들.

〈도시의 아이들〉 200×215mm, 터널북, 2009.

용산역 E마트쪽 광장엔 언제나 한 무리의 아이들이 놀고 있다. 스케이트보드로 턴이나 점프를 하는 아이, 외발 자전거를 타는 아이, 가끔 롤러브레이드를 타는 아이도 있다. 우리는 역 앞 광장이라 부르지만 그 아이들에게 그곳은 너무나도 좁은 시멘트 바닥이다. 놀이에도 기구가 필요한 도시의 아이들, 그 아이들이 푸른 나무숲 그늘에서 맨몸으로 뒹굴며 노는 상상을 해본다. 굉음을 내며 스케이트보드로 점프놀이를 하는 대신, 그렇게 조금이나마 하늘 쪽으로 뛰어오르는 대신 흙 바닥에 벌렁 드러누워 하늘을 바라보며 노는 상상을 해본다. 오늘도 아이들은 푸른 나무숲 대신 회색의 빌딩 숲 속에서, 흙 바닥 대신 회색의 시멘트 바닥에서 논다. 그래도 그 아이들의 몸짓은 마냥 행복하기만 하다.

〈도시의 얼굴〉 160/450×195mm, 2010.

〈영취산 진달래〉 150/500×315mm, 사진, 2010.

굳이 깊은 산속까지 찾아들지 않더라도 일상 속에서 늘 꽃을 쉽게 볼 수 도 있는데 왜 봄이면 꽃놀이하러 산에 올라야 할까?
꽃을 보러 산으로 가야할 아주 특별한 이유!
꽃은 움직일 수 없어 제자리에 그냥 있으니까.
그러니 내가 찾아갈 수밖에.
움직일 수 있는 내가 찾아가서 봐줘야지.
일 년에 단 며칠 동안만 피어있는 꽃, 산속 어느 갈피에서 보는 이도 없이 혼자 피어있다가 시든다면…….
이건 너무 슬픈 이야기가 아닌가.
피어있을 때 찾아가서 봐줘야 할 충분한 이유가 있다.
내 존재가 무의미하지 않은 것처럼, 숨어서 핀 꽃들의 존재도
무의미하지 않으니까.

〈뮌헨의 기억〉 110×190mm, 지도, 2008.

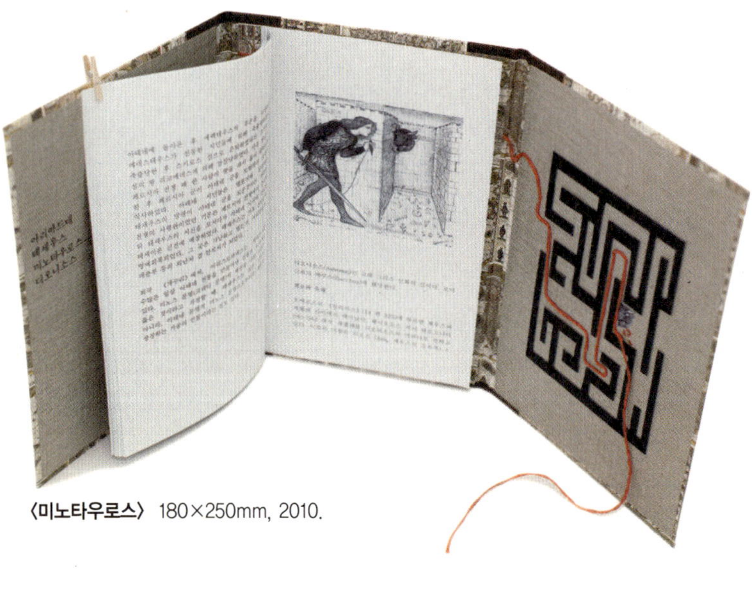

〈미노타우로스〉 180×250mm, 2010.

〈링 바인더Ring Binder〉 225×325×40mm, 2012.

〈크리스마스 장식〉
40×40mm, 크리스마스트리장식, 2010

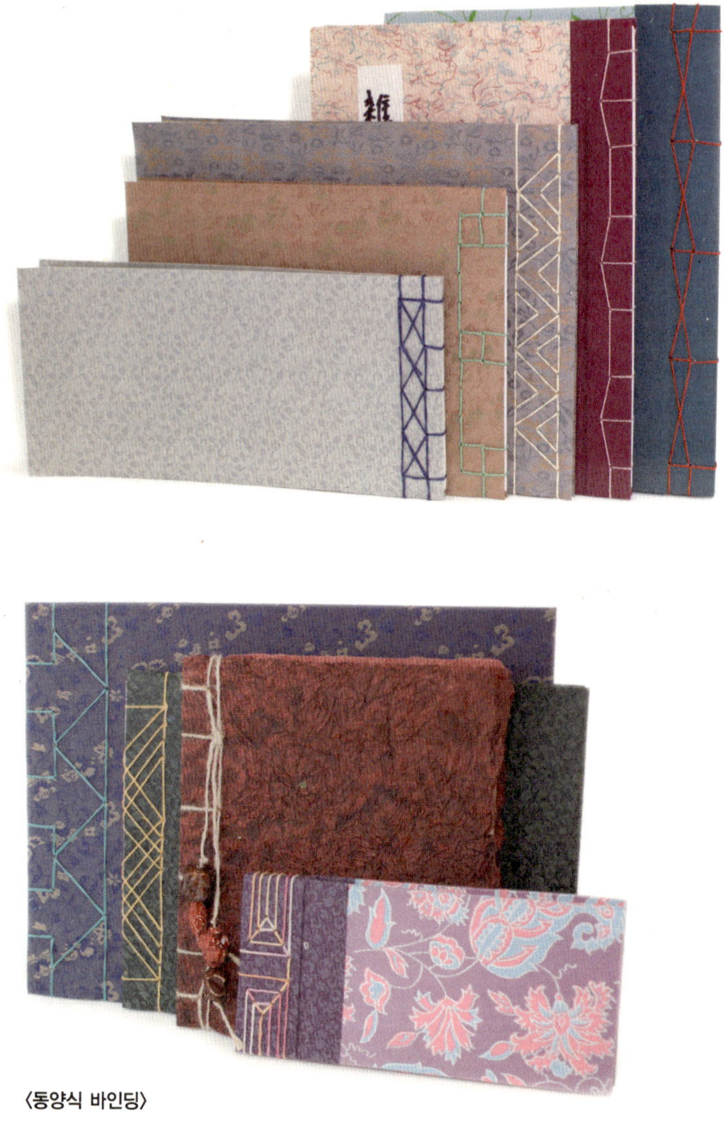

〈동양식 바인딩〉

〈아름다운 책등〉

〈우표 모음〉 110×110mm, 우표, 2009.

〈코덱스 노트북〉

〈스크랩북〉 255×310mm, 리본 바인딩, 2007.

〈표지 디자인〉

가시는 길을 따라 나서다
김기석

예수 새로 보기
마커스 보그 / 김기석 옮김
세상 다시 그리기

길은
사람에게로
향한다
새로 봄
십계명 주기도문 명상

말의 오두막집에서

용서하게

물고기의 방

〈박스〉

150/560×330×150mm, 보관함, 2011(왼쪽)
160×120×75mm, 핸드백스타일 박스, 2012(가운데)
90/320×205×90mm, 보관함, 2011(아래)

2

글에 대한 끝없는 생각

수필이란 무엇일까?

얼마 전부터 나의 책 읽기는 소설에서 수필로 바뀌었다. 나이 탓일까?

젊은 시절, 소설은 내게 꿈이었다. 갇혀 사는 나이 때, 소설은 하나의 출구였다. 시간에 갇혀서, 공간에 갇혀서, 턱턱 막히는 숨을 헐떡이며 살던 나이에 소설은 길이었다. 그 길은 평면에 놓여져 있지 않고 위로 뚫려있었기 때문에 나는 그 길을 통하여 힘껏 발돋움을 하면서 솟아오르곤 했다. 담 밖의 세상을 내다봐야만 살 수 있을 것 같았다. 울타리 바깥세상이 왜 그렇게 궁금했었는지. 바깥세상은 내가 사는 곳과는 뭔가 달라도 크게 다를 것이라고 믿고 있었다. 그 세계를 내다보려고 항상 발돋움을 하고 살았다. 그 시절엔 그런 마음이 왜 그렇게 절박했을까? 소설을 통하여 모르던 많은 세상을 구경 다녔고, 내 나이로서는 상상도 못할 다양한 삶을 엿볼 수 있었다. 무엇보다도 소설이 나를 사로잡은 것은, 내가 주인공 행세를 해볼 수 있는 것이었다. 대리만족이야말로 소설 읽기의 가장 큰 매력이었다. 소설은 나를 황홀한 여주인공으로, 비련의 여주인공으로, 가끔가다가 재미삼아 마귀할멈도 되자면 될 수 있는 변신의 통로였다. 소설 속에 등장하는 여러 인물 중에 내 맘대로 하나를 골라서 그 사람을 쫓아내버리고 그 자리에 내가 들어앉는 기분은 만족이랄까, 쾌감이랄까……. 그 시절, 다른 어느 것도 내게 그렇게 충만한 만족감을 주지 못했다. 오랫동안 소설을 읽어왔다. 소설 읽기의 세월이 길었던 만큼, 나는 그동안 별의별 인물이 다 되어봤었다. 별난 세상을 다 체험했으니 나의 책 읽기는 소설 읽기라기보다는 세상 읽기라는 것이 더 적합하다.

어느 날 밤 꿈결에 신이 내게 지시하기를 "얘야, 이제 너는 남의 세상 엿보기에만 몰두하지 말고 네 세상을 꾸며 보아라" 하고 속삭이셨던가? 아니면, 나는 더 이상 탈출할 필요를 느끼지 않게 됐음인가. 대리만족 같은 짓이 유치하게 느껴지는 나이가 됐음인가. 세상을 알 만큼은 알게 됐다는 위험한 자만심 때문인가. 나의 책 읽기는 어느새 수필 읽기로 바뀌었다. 수필은 소설과 다른 매력이 있다. 이건 완전히 사생활 엿보기이다. 허구의 세계를 엿보는 것보다 진짜 생활을 엿보는 것이 더 재미있는 것은 당연한 일이 아닌가. 더구나 거짓이 전혀 없는 진실한 삶의 모습을 현미경으로 들여다보듯 살펴볼 수 있는 것이 바로 수필 읽기의 매력이리라. 이 사람 저 사람의 진솔한 삶이 내 가슴에 와 닿는 느낌은 독특했다. 수필 한 편 한 편마다 제각기 다 다른 색깔로, 다 다른 맛으로, 다 다른 모양으로 나를 사로잡았다. 제법 많은 사람들의 글을 섭렵하다가 끝내는 '나도 수필을 쓸 수 있겠다'는 엉뚱한 생각까지 해내고 말았다.

나는 수십 년 동안 남의 책을 읽기만 해왔다. 한때는 소설을 써보고도 싶었지만, 이야기를 꾸며내는 재주가 없어서 포기했다. 새로운 이야기를 만들어낸다는 것은 나의 재주로서는 역부족이었다. 꾸며내지를 못하겠다. 그러나 수필은 자기가 느낀 것을 사실 그대로 쓰면 된다는 생각에, 남의 얘기를 꾸미지는 못하지만 내 얘기야 옮길 수 있겠지, 이런 생각이 들었다. 이건 결코 소설가를 거짓 꾸밈쟁이로, 수필가를 별 재주도 없이 자기 사생활이나 쓰는 사람으로 비하하여 정의내림은 아니다. 다만, 나의 생각들을 전혀 꾸밈없이 진실되게 그려내는 일이 내게 더 적합하다는 뜻이다. 그림 그리기를 좋아하는 내가, 나의 생각들을 그대로 그림처럼 그려놓는 일은 할 수 있겠다는 것이 나 개인의 생각이다.

수필이 뭔지도 모르고 덤볐다는 것을 깨닫는 데는 그리 긴 시간이 필요치 않았다. 글 몇 토막 완성도 채 못하고 수필 쓰기의 어려움에 부딪혔다. 평소에 이것저것 생각나는 대로 글을 한 토막 쓰고는 그것이 수필인 줄 알고 있었다. 그러나, 요즈음 여러 매체를 통하여 많은 사람들의 수필을 읽고 계속 달라붙는 의문부호를 떨쳐버릴 수가 없다. 이제 나는 수필이 무엇인지를 새롭게 배워야 할 것 같다. 삶의 향기가 배어있지 않은 글, 삶의 무게가 실리지 않은 글은 생명이 없는 글, 죽은 글이다. 그러면 삶의 모습이 다양한 것과 문학적인 소양은 어떤 관계가 있는 걸까?

수필이란 무엇일까? 남에게 들려주는 자신의 이야기인가, 사물에 대한 자신의 감상인가, 상황의 설명인가? 과거로의 회상인가, 현재의 포착인가, 미래의 꿈인가? 갈수록 어렵다. 갈수록 미로 속에 갇혀서 출구를 찾을 수가 없다. 그냥 쉽게 생각하고 말까? 붓 가는 대로 쓰는 것이라고. 꾸며낸 이야기와 다르고, 자신을 고백하는 수기와도 다른 글을 어떻게 써야 한단 말인가. 나는 이제 글짓기의 첫 순서부터 차곡차곡 배워야겠다.

수필이란 무엇일까. 모든 글은 읽는 이에게 느낌을 준다. 느낌은 움직임에서 전달된다. 가만히 있던 것이 움직이게 됨은 무엇인가가 건드리기 때문이다. 아, 매체가 필요하다.

여기서 나는 '물과 돌멩이'를 유추해 낸다. 시인이 호수에 돌을 던지면, 그 돌은 바로 시가 된다. 돌은 시이다. 시를 감상하는 것은 돌이 만들어내는 물결을 바라보는 것이리라. 시인이 그 물결까지 그려주면 시를 읽는 독자는 너무 재미없다. 계모에게 천대받던 콩쥐가 시집가서 아들딸 낳고 잘 살았다로 끝나는 이야기가 아니라, 시집을 갔는데 이러고 저러고 한참 시집살이의 이야기로 또 이어지는 형상이 되고 만다. 그래서 시인은 그냥 돌멩이 하나 호수에 던지는 것으로 시를 쓰면 될 것이다.

이제 돌멩이가 첨벙 빠져서 물결이 일어나는 호수. 그 물결의 모양을 그려내는 것이 수필이 아닐까? 제일 가장자리의 희미한 물결에서부터 안으로 안으로 자세히 섬세하게 그려내는 것이 수필의 몫이다. 물결을 좁혀 가다보면 가장 가운데 돌멩이 하나 빠진 흔적까지 다다를 것이고 맑은 물 속에서 그 돌멩이를 들여다볼 수 있도록 그리는 것이 바로 수필이리라. 그림 그리기를 좋아하는 나는 수필에 매력을 느낀다. 유화보다는 투명 수채화를 더 좋아하는 나는 수채화 같은 수필을 좋아한다. 밑그림의 흔적을 숨길 수 없는 수채화처럼 수필에도 쓰는 이의 숨김없는 삶과 생각들이 그대로 드러난다.

빠진 돌멩이는 어떻게 됐을까? 용왕님의 머리에 맞아서 용왕님이 진노를 했든지, 열애 중인 물고기를 습격했든지, 그건 소설가의 몫이다. 소설가는 여기서 별의별 얘기를 다 꾸며대는 것이리라.

내가 수필을 쓰는 까닭은 나 자신의 일이니 설명할 수 있으나, 정작 누가 내게 수필이 무엇이냐고 묻는다면 나는 순간 말더듬이처럼 더듬거릴 수밖에 없다. "수필 은 붓 가 는 대로 쓰 는 게 수 필……."

나는 '수필'에 대한 정답을 모른다. 다만, 내가 말할 수 있는 것은 나의 수필에 대한 것뿐이다. 가슴속에 담겨있던 내 생각들을 그대로 글자로 엮어놓은 것이 나의 수필이다. '남의 글 읽기'의 오랜 시간들을 '나의 이야기 하기'로 바꾼 과정이 나의 수필쓰기이다. 나이만큼의 이야기가 내 안에 쌓여있는 것일까. 이제는 수필을 써도 될 만한 나이가 된 것일까…….

12월의 장미

12월의 거리는 화려하다. 어둠이 내리면 더 화려하다. 모든 것들이 반짝이는 물체를 위하여 숨죽이고 몸 사리고 바짝 주눅이 든다. 오직 반짝이는 것만이 번쩍번쩍 살아있음을 뽐낸다. 12월의 밤은 그렇게 더욱 화려하다.

그런 모습에 감흥이 일어 상기된 사람들, 상대적으로 더욱 쓸쓸한 사람들, 감흥도 고독도 못 느끼는 무서운 사람들, 새로운 꿈을 꾸기 시작하는 사람들, 꾸던 꿈을 슬그머니 접어두는 사람들 ……. 거리는 사람의 물결이 일렁인다. 그 물결에 내 몸을 맡긴다. 함께 출렁이다 보면 식어가는 내 몸이 조금 데워지려나, 이국의 겨울을 춥지 않게 나려나.

그리운 이들에게 내게 아직도 남아있는 온기를 전해주고 싶다. 크리스마스 카드를 사러 화려한 쇼핑센터에 들어간다. 진열

〈장미의 전설〉 3D 설치미술, 혼합매체, 2010.

대엔 빨강과 초록의 원색이 성탄을 알리며 으쓱대고 있다. 아기 예수가 온 뜻과는 무관한 금색 은색이 찬란하다. 가라앉은 녹색에 흰 눈이 축복처럼 내리는 북구의 전나무 숲이 차라리 거룩해 보인다. 사랑하는 이들을 꼽아본다. 하나, 둘, 셋, 넷……. 한 묶음의 카드를 산다.

어두워져도 불 밝혀놓을 이 없는 집으로 돌아온다. 마당엔 빨랫줄에 널어놓은 옥양목 호청처럼 바람이 펄럭펄럭 소리를 내며 몰려다닌다. 몰려다니는 바람이 가끔 현악기의 고음을 낸다. 그 바람 한 자락, 휘익 나를 훑고 지나간다. 겨울 눈 속에서도 그 빛을 잃지 않는 녹색 잔디를 좋아했었다. 일 년 내내 신선한 초록으로 숨쉬는 유럽의 녹색 잔디. 누군가는 말했다. 사람 눈의 피로를 가장 잘 풀어주는 것이 녹색이라고. 나도 그 녹색에 매료되어 몇 년을 지냈다. 그러나 이제 나는 고향의 금잔디를 그리워하고 있다. 초록은 일 년 내내 곁에 두고 보기엔 너무 강렬한 색깔이다. 부드러운 맛이 없다. 금잔디가 그립다. 부드러운 색, 따뜻한 느낌, 푸근한 쉼이 있는 금잔디가 그립다. 바람이 늑대의 소리를 내며 몰려다니는 12월의 런던, 나는 몸을 누이고 뺨을 비비적거릴 금잔디를 그리워하고 있다.

봄부터 장미 나무를 타고 오르던 넝쿨이 있었다. 나팔꽃 같은. 그걸 제거하기엔 여린 순이 너무 안타까웠다. 고무줄 같은 연두빛의 가는 선에 솜털이 보송보송한 여린 순을 감히 잘라낼 수가 없었다. 장미는 넝쿨이 옆구리를 간지럽히며 타고 올라도 모르는 척 윤기 나는 잎을 하루가 다르게 만들어냈고, 봉긋한 봉오리도 맺었다.

장미가 수줍은 봉오리를 맺은 날, 나는 연두색에서 수박색으로 억세진 넝쿨, 보송보송했던 솜털이 거슬거슬하게 억세진 넝쿨을 보고 공포를 느꼈다. 오히려 나보다 더 억세고 힘이 센 넝쿨을 걷어낼 엄두를 내지 못했다. 나는 장미에게 비겁했다. 넝쿨식물에게서 하얀 나팔 모양의 꽃이 피기 시작하면서 장미의 실

같은 비명이 내 귀에 들려왔다. 넝쿨에 파묻혀 거세게 항거하는 몸짓만이 환상으로 나를 어지럽힐 뿐, 더 이상 장미는 보이지 않았다.

때로는 그 넝쿨이 내 몸을 친친 휘감은 듯 숨이 막혔고, 때로는 쑥쑥 뻗어 오름이 시원시원하여 장미를 깜빡 잊기도 했다. 언뜻 장미가 생각날 땐 고운 장미꽃을 그리워했고, 장미에 대한 생각을 접어두고 바라보면 나팔꽃이 장미보다 더 아름다워 보였다. 여름을 나며 장미는 나팔꽃 나무로 이름을 바꿨다. '나팔꽃 나무'

바람은 현관문에 뚫린 좁은 우편물 구멍으로 서로 들어오려고 한꺼번에 몰려와 아우성치고, 그 비명이 밤새 귀를 찢는 이 늦은 계절. 며칠 전까지만 해도 청청하던 그 넝쿨은 약속이나 한 듯 한꺼번에 폭삭 사그라졌다.

그런데, 그런데 놀라운 일이! 넝쿨이 가라앉자 꽃망울이 맺혀 있던 장미 나무에서 망울이 터지기 시작한다. 한꺼번에 여섯 송이의 탐스러운 장미가 피었다. 백과사전엔 장미가 11월까지 꽃이 핀다고 쓰여있다. 장미는 넝쿨에 짓눌려 여름 내내 파묻혀 지냈다.

그동안 화려했던 다른 장미들이 겨울을 맞이한 지금, 찬 서리에 노출된 장미들이 축 처져버린 지금, 넝쿨에 파묻혀있던 장미가 꽃을 피웠다. 자신을 친친 휘감고 있던 그 넝쿨들이 찬 서리로부터 자신을 보호해 주었던 것이다. 계절 모르고 버티는 녹색

〈장미〉 140×650×280mm. 페인팅&사진. 2011.

잔디에 염증이 난 내게 장미는 새로운 메시지를 전한다. 금잔디를 그리며 자주 망연해지는 나에게 꽃잎을 포르르 떨며 장미는 속삭인다. 장미가 내게 속삭이는 말을 크리스마스 카드에 받아 적는다.

"나는 기다렸어요. 넝쿨 밑으로 보이는 잔디가 녹색인 것을 보며 나는 기다리고 있었어요. 나는 꽃을 피울 수 있다고 믿으며."

내 말도 덧붙인다.

"시작은 2000년이 아니야. 2001년이야. 2000년은 마감이야."

늘 컴퓨터 모니터만 바라보고 하던 독백이 초록색 잉크를 듬뿍 묻힌 펜 끝을 타고 흐른다. 갇혀있던 장미에게 꽃피우고자 하는 몸부림이 없었다면 오늘 꽃은 없다. 지금은 새롭게 꽃망울 맺고 그럴 때가 아니기 때문에. 그러나 장미는 갇혀있는 동안 자신도 꽃 한 송이 피우고자 망울을 맺고 햇빛을 기다리고 있었다. 기다리고 있었다. 그래서 오늘 장미는 탐스럽게 12월을 맞이한다. 이제는 금잔디를 그리워하지 않으리. 터지지 않은 꽃망울 하나 지니고 있으니.

한 묶음의 카드를 들고 우체국으로 향한다. 부랑아처럼 떠돌던 바람이 우우 소리를 내며 내게 몰려온다. 바람이 마녀의 손톱을 바짝 세운 채 할퀴고 다니는 12월의 런던, 내 작은 뜰에는 장미꽃이 활짝 피었다. 나를 훑고 지나가는 바람이 푸르게 날 선 칼바람이어도 거기 장미향기 한 줌 묻어있으려니!

나의 글쓰기 연습

달걀로 바위 깨기가 가능할까? 바위에 셀 수 없이 많은 달걀을 던지면 오랜 세월이 지나며 깨진 달걀 굳은 것을 새들이 와서 쪼아먹고, 더께 진 찌꺼기들이 햇빛에 갈라지다 비에 불어나다 그러면서 바위를 못살게 굴어 바위에 눈곱만큼의 영향이라도 줄지도 모른다. 그러면 소설쓰기를 배우지 않은 사람이 소설을 쓰는 것은 가능할까? 달걀로 바위 깨기보다 더 어렵다는 생각이 나를 지레 질리게 만든다. 그래도 나는 소설쓰기를 시도해본다. 갖은 방법을 다 동원한 소설 만들기를 시작했다.

소설에 대해 오래 전부터 남몰래 꾸어오던 꿈이 있다. 배우지 않고, 길들이지 않고도 순전한 감성으로 지식을 많이 쌓은 사람에게 패배하지 않고 예쁜 꽃을 피울 수 있다는 것을 증명해보는 일이다. 만사 제쳐놓고, 살림 팽개친 채 매달리지 않고도 온전히 내게 주어진 한가로운 시간만 잘 챙겨서도 실한 열매를 맺을 수 있다는 것을 증명해보는 일이다. 배움의 길에서 혼신을 다한 지식인들에게, 하루 25시간을 투자하는 성실파들에게 가소롭게 들릴, 누가 들어도 황당하기 그지없는 나의 수줍은 꿈이다. 세상 다 살고 간 후에 무덤 가에 피어나기도 어려운 아주 요원한 꿈이다. 이 가소롭고, 황당하고, 요원한 꿈을 위해 나는 가끔 내 방식대로 습작을 한다. 미련한 곰의 재주부림 같은 습작이리라.

사물을 하나 정해 정밀 묘사를 한다. 나뭇잎에 대한 색깔을 적어 나가기 시작하면, 초록에서부터 한도 끝도 없는 온갖 색깔을 다 쓰게 되는데, 붉은 녹슨 빛깔이라거나, 우거지 낀 오이지 빛이라거나, 애벌 칠한 철제품의 은빛이라거나, 백여 가지도 넘는 나뭇잎 색깔들을 적어낸다. 어찌 색깔뿐일까. 그 모양새에 대해서도 역시 같은 방법으로 수십 가지 형상을 연습장에 적어본다. 이러면서 나는 인상파 화가들이 나뭇잎 하나에 열두 가지 색깔을 다 들여놓는 채색을 이해하기도 했다. 점묘법으로 화폭을 채운 세라의 그림도 이해하게 되었다. 내가 적어놓은 나뭇잎의 색깔, 내가 적어놓은 나뭇잎의 모양을 화폭에 그리자면, 온갖 색깔들이 다 필요하고, 그걸 하나도 놓치지 않고 다 담으려면 수없이 많은 점들이 필요할 거라는 생각이다. 나무 하나의 모습을 공책 몇 쪽인가를 채우며 쓰는 연습이 끝나면 전체적인 얼거리를 만들기 위한 연습을 한다.

인터넷의 여기저기에 소설쓰기 교실이 산재해있지만, 콘텐츠를 보는 것에 그쳤을 뿐, 한 번도 그 문을 열어본 적은 없다. 그 안에 무엇이 들어있는지 짐작은 한다. 우선 소설이 무언지 가르쳐줄 테고, 그 짜임새를 가르쳐주며, 골격 만들기에 살 붙이고 옷 입히기까지 친절히 가르쳐줄 것이다. 허구의 이야기에도 갖춰야 할 필수적인 구조가 있고, 그것에 벗어나면 무너질 위험이 있는 것이 소설이리라. 가끔은 나도 그 비법을 배우고 싶다. 들여다보고 싶은 유혹을 무시할 때의 기분은 꼭 당선될 것만 같은 복권을 사지 않고 돌아서는 기분이다.

나는 아직 누구의 그림도 들여다본 적이 없는 어린아이가 끄적끄적 장난질하는 연필장난의 그림, 미술학원에 발을 들여놓지 않은 아이의 그림을 좋아한다. 누구의 영향도 받지 않는 아이 자신만의 표현을 보는 것을 좋아한다. 그런 글을 쓰고 싶다. 처음 잡아본 연필로 그린 그림 같은 글, 누구도 손질해주지 않은 크레파스의 첫 색칠그림, 순전한 아이의 그림처럼 아무것에도 영향받지 않은 내 글을 쓰고 싶다.

그러나 50 넘은 내 나이. 아무리 부정한다 해도 이것저것 보고 들은 것이 있으니 내 그림이나 글에는 데자뷰 현상이 나타나리라. 남이 쓴 글들도 이미 많이 읽었으니 무의식 중의 흉내내기가 될지도 모른다. 게다가, 흘끗 이나마 들여다보았던 이론서들의 구절들이 내 글쓰기를 간섭하기까지 한다. 연주를 듣고 '아, 저 사람은 아무개에게 사사했구나'하고 금방 알아차리게 되는 악기 연주, 역시 같은 결과의 그림, 그런 모양새를 남에게 확연히 나

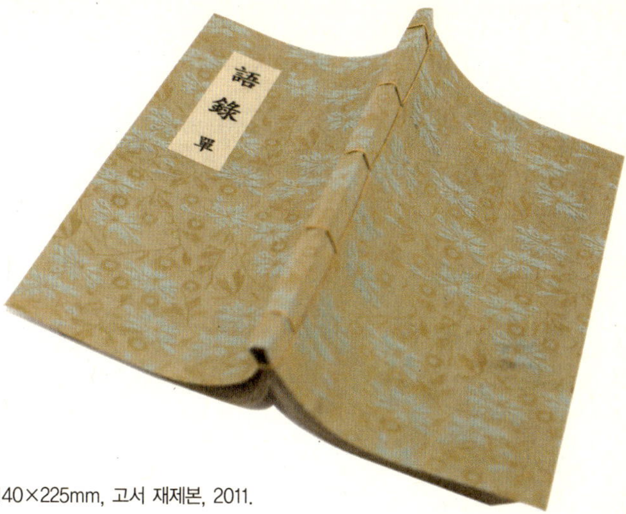

〈어록 단語錄 單**〉** 140×225mm, 고서 재제본, 2011.

아버지가 열심히 작성하신 낱말 사전을 읽을 수도 없는 부끄러움. 새 옷을 입히며 아버지의 손때 묻은 헌 옷을 차마 벗겨버리지 못하고, 그 위에 새 옷을 덧입히다.

타내는 글이 아니라, '도대체 이건 뭘 알기나 하고 쓴 거야 뭐야?' 하는 반응을 듣더라도 나는 순전한 나의 글을 쓰고 싶다.

내 나름대로의 글쓰기 연습 계획을 짠다. 예를 들어 '나뭇잎' 같은 한 단어의 정밀묘사 연습이 끝나면 소설 습작에 들어간다. 여자인 내게 가장 유리하고 편안한 여성적인 글쓰기로 중편소설을 쓴다. 단편보다 긴 것이 중편이라는 오류를 경계하며 중편에 합당한 구조물을 세우고 여성의 섬세한 감각으로 야무진 집을 짓는다. 이 글쓰기가 방금 끝났다. 탈고 후에 드는 허전한 마음은 감히 작가연作家然하는 건방짐이리라. 전혀 이질적인 것에 대한 적응을 위해서 그리고 또 직접 경험하지 못했던 것을 어떻게 그려낼 수 있는지 실험으로 남성적인 글쓰기를 연습한다. 일인칭 남자주인공이 이야기를 풀어가는 형식으로 단편을 쓴다. 곁눈질로 보아온 술자리에서 벌어지는 일을 테마로 잡고 시작했는데 완성까지 끌고 가기엔 불가능한 상태에 있다. 상상력을 풍부히 하고, 파스텔 조의 빛 고운 묘사를 위해 동화 쓰기도 연습한다. 동화를 쓰는 사람들을 나는 늘 존경해왔다. 어린아이의 심성을 가진 자들이 부러웠다. 나도 아름다운 동화를 쓰고 싶다는 생각을 자주했으나 어른의 찌든 때를 벗겨내기란 쉽지 않은 일이었다.

실제 습작에 들어가기 이전의 계획 짜기도 나 혼자로선 힘에 겨운 일이다. 슬쩍 누군가에게 조언을 듣는다면 진일보하련만, 내 고집은 터무니없이 미련할 때가 있는데, 바로 이 글쓰기 연습에서도 그 미련한 고집을 부리며 혼자 끙끙 앓고 있다. 중편, 단편, 동화를 한 작품씩 쓰고 나면 다음엔 시나리오를 쓸 것이다. 소설 속에서의 대화를 매끄럽게 표현할 수 있도록 시나리오를 쓰면서 훈련한다. 시나리오는 단 한 컷도 빗나가선 안 되고, 글을 읽는 이가 스크린에서 영화를 보는 것과 똑같은 느낌을 가져야 하므로 아주 능숙한 글쓰기가 요구된다. 글로서 영화의 화면을 그리는 것이니 어려울 수밖에.

배움도 짧은 내가 글쓰기 연습부터 혼자 꿍꿍이속으로 계획을 짜는 데는 다 그럴 만한 이유가 있다. 글을 쓰는 많은 사람들이 글쓰는 작업이 피를 말리는 치열한 작업이라고 한다. 글쓰기가 자신의 존재의 이유가 된다는 사람들도 많다. 허나, 내가 글을 쓰는 이유는 아주 단순하다. 쓰는 것이 즐겁기 때문이다. 이렇게 어찌어찌해서 어디까지 쓰기 연습을 하고 다음엔 또 이렇게 해야지, 이런 계획안을 세우는 일부터가 아주 즐겁고 행복하다. 쓰는 일이 고통이면 당장에 집어 던져버릴 것이다. 잡문을 쓰든 작품을 쓰든 쓸 때의 내 마음은 행복에 젖어있다. 써 내려가는 동안 무지몽매한 내 머리를 쥐어뜯는 일이 자주 생기지만, 그 순간을 극복했을 때의 성취감이란!

아이가 젖을 먹으며 영양가를 따지고 자신의 체격이 어떻게 자랄 것인가를 따지지 않는 것처럼, 나는 글쓰기가 즐겁고 행복하기 때문에 쓴다. 글을 써서 발표한 후 내게 다가올 어떤 결과는 쓰기가 끝났을 때 부수적으로 오는 것이지, 그 결과를 위해서 쓰지는 않는다.

이것이 바로 피를 말리는 작업이 아니라 행복한 유희인 나의 글쓰기 연습이다. 성공한 대가들이 이 소리를 들으면 가소롭게 웃어넘길 '글쓰기가 즐겁고 행복한 유희'라는 말은 방금 마악 입문한 초보자들이나 느끼는 감정일는지.

말[言語]에 대한 끝없는 생각들

내 가슴엔 커다란 언어의 강물이 출렁이고 있다. 거기서 나는 은빛으로 번쩍이는 언어의 편린들을 건져낸다. 때로는 백설공주가 사는 궁전을 지을 조각들을, 때로는 저잣거리에나 굴러다니며 발에 채일 조각들을 끊임없이 건져낸다.

에르딩Erding의 하늘은 눈이 멀도록 푸르다, 새파랗다. 눈부신 쪽빛이다.

겨울의 문턱을 갓 넘어선 이맘때쯤엔 나뭇가지에 하얗게 낀 상고대가 은백색으로 빛난다. 눈 오는 날의 잿빛 하늘과 달리 쪽빛 하늘 밑에 반짝이는 상고대는 얼마나 아름다운지! 나는 독일의 남쪽 작은 도시 에르딩에서 제법 여러 해 동안 눈부신 자연의 빛깔에 사로잡혀 '아름답다'라는 말을 늘 입에 붙이고 살았다. 어느 날, 하늘이 너무 맑고 푸르러서 우리는 사진을 찍었다.

약간 아래에서 위쪽으로 오직 하늘만을 배경으로 직립의 인물사진을 찍었는데, 인화된 사진을 보고는 모두가 웃음을 터뜨리고 말았다. 영락없이 새파란 하늘색 바탕 위에 인물을 붙인 합성사진 같았기 때문이다. 자연스럽지 못했다. 그 어색한 사진을 보는 순간 나는 '아름답다'가 나타내는 또 하나의 좋은 표현 '자연스럽다'라는 말을 떠올렸다.

잘 그린 그림이나 잘 찍은 사진을 보면서 사람들은 그것의 아름다움을 "아주 자연스럽다"로 표현한다. 그런데, 아름다운 자연경관을 보면서 사람들은 "야! 멋지다. 한 폭의 그림 같아. 어쩌면 이렇게 그림같이 아름다울까!"하는 감탄을 한다. 참 이상도 하지, 우리네 말이라는 것이. 같은 아름다움을 보고 그것이 자연일 때는 그림 같다고 감탄하고, 그것이 그림일 때는 반대로 자연스럽다고 말하다니. '자연스럽다' '그림 같다' 이런 반대 상황의 말들이 한 사물을 상대로 '아름답다'는 공통의 뜻으로 표현되니 참 신기하다. 말이 지닌 이러한 오묘함이 나를 사로잡는다.

슈퍼마켓 'Safe Way세이프 웨이'에 다녀오는 길에서 내게로 돌진해오는 바람을 만났다. 사정없이 옷깃을 헤집고 들어오는 바람 때문에 슬쩍 눈물이 돋았다. 독일에 있을 땐 독일어가 어려워서 자주 영어를 쓰곤 했는데, 그 무슨 조화인지, 런던에 온 후로는 툭하면 독일어가 튀어나온다. 참 야속하다. 독일에 갔을 때 처음 얼마동안은 슈퍼마켓에서 집집마다 돌리는 광고지를 대단한 교재처럼 열심히 들여다보며 물건 이름을 익혔었다. 내가 알던 몇 가지 야채와 과일들의 영어 이름을 지우고 독일어 이름으로 바꾸는 데 많은 시간을 소모했다. 그러나 나는 다시 새롭게 접한 이국의 찬바람과 맞서며 언어의 혼돈 속에서 허우적거린다.

바람 속에서 문득 어머니 생각이 났다. 1950년대 후반, 국민학교(초등학교) 다닐 때, 학교에서 빠께쓰와 벤또 대신에 양동이와 도시락이라는 말을 배웠다. 어머니는 늘 쓰시던 말을 얼른 고치지 못하셨다. 어린 나는 마치 어머니가 매국노라도 되는 듯이 저항했다. 어머니의 일본말 사용에 준엄했다. "엄마, 양동이! 도시락!" 그런 세월을 흘려 보내고 이런저런 숱한 추억들을 가끔 그리워하기도 했는데, 런던 거리에서 난데없이 전에는 한 번도 생각지 않았던 어머니가 쓰시던 일본말 몇 마디가 내 머리 속을 헤집고 들어온 것이다. 아마도 내가 외국어에 시달리는 것이 서러웠기 때문이리라.

어머니는 불행히도 일본말을 상용하던 시대를 거쳐왔다. 그에 대해 저항하면서도 어쩔 수 없이 많은 일본말을 배우고 쓰게 되었다. 해방 된 후에도 어머니의 언어는 쉽게 바뀌지 않았다. 어린 나는 사정을 제대로 알지도 못하면서 학교에서 배운 말로 어머니의 언어를 바꾸려 했었다. 내가 중학교에 들어가 식민지 시대에 대해 잘 알게 된 후에도 어머니는 자주 쓰는 단어를 자연스럽게 일본말로 하셨다. 그 후로 몇 십 년이 더 지난 지금 어머니는 일본말 단어를 쓰지 않으신다. 필요에 의해 어떤 일본 글을 읽어달라고 어머니께 부탁을 하면, 어머니는 다 잊어버렸다고 답하신다. 난데없이 그런 어머니가 불쌍해졌다. "다 잊어버렸다"라는 말꼬리가 휘익 쓸쓸한 바람을 일으킨다. 어머니가 잊은 것은 일본말뿐이 아닌 것 같은 쓸쓸함이 몰려온다. 그 시대가 비록 치욕의 시절이었지만, 어머니의 추억 속에는 그 시절에 대한 그리움이 있을 것이다. 친한 친구인 일본 여학생, 귀히 여기던 일제 소지품들, 상용하던 일본말들……. 그것이 식민지 시대의 것이라 추억의 창고에 간직하면 안 되는 금기의 것들이란 말인가?

"엄마, 이제 뭐라고 야단 안 할 테니까 일본 말이든 뭐든 엄마 편한 대로 말하세요." 40여 년 전의 유아어로 엄마를 부르며 런던 교외의 한 거리에서 나는 '말'에 대한 이런저런 생각에 잠겼다. 꼬리에 꼬리를 물고 이어지는 말에 대한 끝없는 상념들.

여러 나라가 맞붙어 있는 유럽에 살면서 수시로 바뀌는 언어에 휘둘려 지친 나는 우리나라에서도 언어의 불편을 경험한다. 서울에 도착한 후 며칠간은 지하철이나 버스에서, 백화점에서, 거리에서 도대체 마음 놓고 말을 할 수가 없다. 모든 사람들이 다 내 말을 알아듣는다는 것이 참 불편하다. 외국에서는 아이들과 함께 어디를 가든지 우리말로 무슨 말이든지 다 할 수가 있다. 주변의 다른 사람들이 알아들을 수 없을 테니까 마음 턱 놓고 아무 말이나 자유롭게 할 수 있다. 그러나 우리나라에선 주변 사람들이 다 내 말에만 귀를 기울이고 있다는 착각이 들어 공공장소에선 입이 벌어지지가 않는다. 언어가 안 통해서 숱한 불편을 겪었는데, 언어가 통하는 곳에서도 또 불편을 겪게 된다는 생각에 쓴웃음이 나올 뿐, 얼른 말이 나오질 않는다.

외국어를 마치 모국어처럼 말하는 사람들도 있기는 하지만, 대부분의 사람들은 자기 출신지의 억양으로 외국어를 말한다. 프랑스 사람과 대화를 하면서 이해 못하는 불어인 줄 알고 건성 듣다보면 영어이고, 이태리 사람과 말할 때는 이태리 말인 줄 알고 듣다보면 영어이고, 그런 식이다. 우리나라 사람들이 말하는 외국어도 가끔 웃음을 자아낼 때가 있다. 경상도 사람은 영어를 말할 때도 경상도 억양으로 말하는데 들어보면 참 재미있다. 충청도 사람인 나는 원래 우리말을 할 때도 느리게 하는데, 잘 하지도 못하는 외국어를 말하려니 얼마나 느리겠는가. 사실은 외국어를 능숙하게 하지 못하는 건데도 충청도 사람이라 그렇게 느리게 말한다는 식으로 평가된다면 덕을 보는 셈인가?

이런 현상은 외국인에게도 마찬가지다. 외국여행을 하다가 간혹 우리 말을 몇 마디 할 줄 아는 외국인을 만나면 참 반갑다. 그런데 재미있는 것은 그 외국인이 경상도 말을 하거나, 전라도 말을 배워서 그대로 따라 하면 웃음을 참을 수가 없다. '말'이란 정말 재미있구나, "'말'이란 놈하고 좀 친해보자'하는 호기심이 생긴다. 내가 어렸을 적에는 우리나라에 주둔한 미군들이 우리말을 제대로 배우지 못하고, 우리나라 사람들이 그들에게 내뱉는 욕이나 반말을 그대로 배워서 크게 떠드는 경우가 제법 있었다. 우리가 뱉은 말이 우리에게 다시 돌아오는 경험을 한 것이다. 지난해에는 부산에서 열리는 한 전시회에 참석하기 위하여

〈**회문Palindrome**〉 275×125mm, 대칭형 도안, 2007.

귀국했었다. 서울에서 며칠간 머물다가 비행기를 타고 부산에 갔다. 내 나라의 공항에서 나는 또 다른 언어에 부딪혔다. 부산 말은 도무지 알아들을 수 없이 귀에 설었다. 아, 나는 고달픈 에뜨랑제.

세상은 온통 수많은 말들로 가득 차 있다. 우리는 그 말들로 인해 환희도 맛보고 눈물도 뿌리며 산다. 말은 우리의 삶을 표현한다. 삶을 그릴 수 있는 도구이다. '말'이 나를 사로잡는 매력이 바로 거기에 있다. 모두들 '나는 지금 호흡하는 중이다'라는 의식 없이 본능적으로 숨쉰다. 그것처럼 말에 대한 특별한 의식 없이 자연스럽게 술술 말을 한다. 그러나 나는 겨우 말 몇 마디 하기 위해 계절병을 앓는 기간보다 훨씬 더 많은 날들을 끙끙 앓는다. 때로는 사슬이 되어 나를 꽁꽁 묶는 언어의 감옥, 통째로 묶인 나는 옴나위도 못하고 사슬을 풀려고 발버둥친다. 때로는 왈츠의 리듬으로 즐기는 언어의 유희, 새벽이 희붐히 다가올 때까지 나는 그 말들에 사로잡혀 밤새 숱한 단어들과 번갈아 가며 손잡고 춤춘다. 나는 예감한다. 내가 그것으로부터 벗어나지 못하리라는 것을.

생각은 힘이 세다

딸은 새 생명을 잉태하고 여러 방법의 태교를 했다. 태교에 관한 조언들은 또 얼마나 많은가. 그중에 이런 말이 있다. 자기 아이가 닮았으면 좋겠다고 생각하는 사람 사진을 붙여놓고 매일 바라보면 그 사진을 닮은 아이를 낳는다는 이야기. 예쁜 여자, 멋진 남자, 내 아기는 이만은 해야지 하면서 사진을 바라보는 것이다. 엄마는 멋있는 이미지를 추구한다. 어떻게 닮는다는 것인가? 과학적인 근거가 있는지, 의학적으로 가능한 일인지 모르겠다. 억지로 정말 억지로 갖다 붙이자면 그렇게 마음 쓰는 엄마에게 어떤 호르몬 작용이 있어서 아이의 모습을 만든다는 것인가, 그럴 리가? 9개월 넘도록 바라보던 사진에 세뇌되어 엄마는 그 사진의 모습을 태어난 아기의 얼굴에서도 보게 되는 착각일까? 어떻게 설명할 수도, 증명할 수도 없다.

고대 그리스의 조각품들은 정말 멋진 팔등신 몸매를 보여준다. 그 시대 인간들은 분명 팔등신 비율의 몸매가 아니었는데도 모든 인물 조각품들은 실제 인간의 몸과 다른 늘씬한 큰 키를 뽐낸다. 실제 사람보다 더 멋있는 이미지를 추구한 것이다. 고고학자들이 발굴한 고대 그리스인 인체의 골격들은 그 시대에 제작되어 남아있는 인체 조각품들과 골격의 크기가 다르다. 훨씬 작다. 오히려 지금 우리들의 골격 크기가 그 옛날의 조각과 비슷하다. 인간의 평균 신장은 엄청나게 커졌다. 몸이 커지면 그 몸에 붙어있는 신체의 비율도 커지는 것이 자연스러운 현상인데 몸은 옛 시대의 조각과 비슷한 골격의 크기가 됐고 오히려 얼굴은 그때보다 1센티 정도가 작아졌다. 잘 깎아놓은 조각품 같은 팔등신 몸매는 그 시대를 살던 사람들이 아니라 지금 우리들이 가지고 있는 것이다. 수천 년 전에 추구하던 이미지를 지금 우리가. 그렇다면 자신의 태아가 닮기를 원하며 바라보는 사진의 모습을 닮는 것이 가능할 것도 같다. 지속적인 생각이 힘을 발휘하는 것이다. 2400년을 이어온 시간과 비교할 수는 없지만, 하루살이에게 하루가 우주 전체이듯 태아에겐 태중에 있을 동안이 시간의 전체이니까. 시간의 전부를 다 바쳐 생각하는 것은 현실이 될 수 있을 것이다.

지금 우리가 사는 세상에서 벌어지는 생명체의 조작들을 보면 과거에 만들어진 인면수신人面獸身, 수면인신獸面人身의 조각품들처럼 그런 생명체를 우리 눈으로 볼 수 있는 때가 생겨날지도 모른다. 지금 우리가 만들어보는 사이보그들이 어느 시대엔가 실제로 생겨날 수도 있다. 무언가 지속적으로 생각하고 추구한다는 것은 참으로 무서운 힘을 지니고 있다.

꿈은, 꿈을 꾸는 자의 것이다. 불가능한 것들도 꿈을 꾸면 가능을 향해 가지만, 아니 가능 쪽으로 움직이지는 못한다 하더라도 가능 쪽을 바라보기라도 하지만 아예 꿈조차 꾸지 않는다면 그건 확실한 불가능이다. 꿈을 꾸는 자는 점점 더 구체적인 꿈을 상상하면서 그것이 자기가 추구하는 이미지로 마음속에 머릿속에 확실히 찍히게 되는데 그 이미지가 언젠가는 현실이 될 것이다. 아니, 될 것이다가 아니라 현실이 된다. 다만 언제라는 시간을 말할 수 없을 뿐. 한 생각을 품으면 표현하게 되고, 그것을 추구하고, 현실이 된다. 바라는 것에 대한 생각을 계속하고 있으면 이루어진다. 소망, 이 끊임없는 생각의 끈을 놓지 않으면 현실이 되는 것이다.

(우리의 육체가 기원전 300년경의 조각들과 닮은 크기로 된 것이 그 이미지를 오랫동안 추구해왔기 때문이라고만 할 수는 없다. 당연히 식생활과 환경 요인이 더 크다. 다만, 이 글에서는 생각을 품는 것, 표현, 이미지, 현실 이런 구조만 생각했을 뿐이다.)

〈솔베이지의 노래〉를 들으며

–Solveig's Song by Grieg, Edvard (1843–1907)

온 집안에 그윽하게 퍼지는 부드러운 커피향에, 방해가 되지 않는 잔잔한 음악을 즐기며 책을 읽는 순간은 '참 행복하다'는 걸 실감한다. 솔베이지의 노래를 들으며 희곡 『페르귄트』를 읽기 위해 책을 찾았다.

〈솔베이지의 노래〉는 노르웨이 출신의 그리그가 작곡한 〈페르귄트 음악의 관현악 모음곡 제2〉 중에 있는 아름다운 곡이다. 단조 음악들이 모두 우리 가슴 깊은 곳까지 파고드는 애잔함이 있듯이 〈솔베이지의 노래〉도 가슴 밑바닥까지 촉촉히 적셔준다. 때로는 음악이 지닌 물기가 런던의 안개보다 더 습하다. A단조로 시작되는 바이올린 연주곡 〈솔베이지의 노래〉는 피아노용의 편곡(작품번호 52)도 있지만, 나는 현악기의 단조음을 더 좋아한다.

그리그는 노르웨이의 베르겐에서 출생하여 독일 라이프찌히

〈**무대에서**On the stage〉 125/600×230mm, 페이퍼커팅, 2012.

음악원에서 수학하였는데 이때 슈만과 멘델스존의 영향을 받았다고 한다. 몇 가지의 고유명사들-노르웨이, 베르겐, 라이프찌히, 슈만, 이런 이름들이 내게 친근감을 준다. 노르웨이라면 뭉크의 그림이 있는 오슬로가 떠오르고, 베르겐에선 싱싱한 살아있는 연어를 볼 수 있었고, 통독 이후에 어설프게 발전해가는 도시인 라이프찌히도 인상 깊었던 곳이다. 그리그가 영향을 받았다는 슈만, 그의 아내 클라라 슈만은 피아니스트였는데, 유로화폐를 쓰기 이전의 독일 화폐 100마르크짜리에 초상이 그려져 있다. 몸으로 접했던, 낯설지 않은 이러한 것들 때문에 나는 그리그의 노래에 더 애착이 가는지도 모른다.

오래 전 여름, 큰아들이 대학에 입학원서를 내놓고 기다리는 동안 우리는 노르웨이 여행을 했었다. 보름 동안의 자동차 여행이었는데, 가족끼리 그렇게 오랜 시간을 꼭 달라붙어 지낸 경우는 그동안 없었고, 앞으로도 그런 기회를 마련하기란 쉽지 않을 것이다. 노르웨이의 숲 속을 달리는 차 안에서 열띤 기분으로 깔깔대며 시시덕거리기도 하고, 좁은 자리에 짜증이 나서 투덜거리며 티격태격하기도 했던, 그러나 이만큼 지나고보니 그저 그립기만 한 순간들이 〈솔베이지의 노래〉에 실려 환영처럼 떠오른다. 그때 느꼈던 노르웨이의 분위기가 그리그의 음악과 어우러지면서 눈앞엔 그것이 형상화되어 나타난다.

노르웨이라면 입센의 『인형의 집』도 자동으로 떠오르는 것 중의 하나이다. 지금은 중년을 훨씬 넘은 우리 친구들은 『인형의 집』에 많은 관심을 보였지만, 얼마전에 읽은 그의 희곡 『페르귄트』도 내 가슴속에 오랫동안 남아있는 책이다.

몰락한 지주의 아들 페르는 집안을 재건할 생각은 하지 않고 지나친 공상에만 빠진다. 애인 솔베이지를 버리고 돈과 권력을 찾아 세계여행을 떠난다. 산속 마왕에게 혼을 팔기로 하고, 아프리카에서 노예상을 하여 큰돈을 벌고 추장의 딸 아니트라를 만난 페르는 나중에 여자에게 배신당하고 정신이상자로 몰린다. 마지막으로 귀국길에 오른 배가 난파되어 무일푼이 된 채 고향땅을 밟는 페르. 거기서 늙은 마왕으로부터 빚 독촉을 받는데 최후까지 혼을 팔아 넘기지 않고 살아난 후, 백발이 된 솔베이지의 팔에 안겨 죽음을 맞이한다. 페르가 백발의 솔베이지 품에 안기는 마지막 장면은 지고지순한 사랑으로 황폐한 인간을 구원한다는 메시지를 전달한다.

『페르귄트』처럼 음악까지 맞춰서 들으며 읽는 희곡은 마치 공연장에서 관람을 하는 기분이 들기도 한다. 내가 자주 듣는 〈솔베이지의 노래〉는 제2조곡의 제4곡, 〈아니트라의 춤〉은 제1조곡의 제3곡이다. 해당 음악을 틀어놓고 글을 읽으면 눈앞엔 오페라의 무대가 펼쳐진다. 희곡 읽기에 재미를 붙이면, 앉은 자리에서 종합예술을 스스로 실현하게 되고, 나는 금방내 돌팔이 예술가로 변한다.

책을 읽고, 음악을 듣고, 그러다가 뚝딱뚝딱 무대를 설치하고, 무대의상을 갖춰입고, 공연을 하고, 감독이 되어 무대를 휘젓고 다니기도 하고, 배우 역할도 몇 가지를 도맡아 한다. 연극이어도 좋고 오페라여도 좋다. 솔베이지가 되어도 좋고, 아니트라가 되어도, 페르귄트가 되어도 좋다. 늙은 마왕이면 또 어떠랴.

예술이란 전문가들의 독점물이 아니다. 향유하는 자의 것이다. 즐기는 자의 것이다. 지식이 짧은 나로서는 그저 늘 허공에 붕붕 떴다 지층을 뚫고 가라앉았다 해가면서 가슴으로 몸으로 느끼는 예술감상을 한다.

〈솔베이지의 노래〉는 나를 노르웨이로 싣고 간다. 거기 노르웨이의 숲에서 나는 입센이나 그리그와는 또 다르게 〈노르웨이의 숲〉을 그린 비틀즈도 만나고, 무라카미 하루키도 만난다. 노래에 몸을 싣고.

시詩는 풍경 소리가 되어

"말의 오두막집"이라는 구절이 풍경 소리가 되어…….

척박한 땅이나 기름진 땅이나 흙이 있는 곳이면 어디나 노오란 꽃다지로 뒤덮였는데 시 한 편이라도 지어야 하는 것 아닌가. 대지는 온통 초록으로 무르익는 단내가 진동하는데 시 한 수라도 읊어야 하는 것 아닌가. 시를 짓는 것은 하고싶다고 쉽게 손댈 수 있는 것이 아니니, 남들이 지은 시라도 읽을 마음으로 시집을 뒤적거렸다.

나는 시에서 풍경風磬 소리를 듣는다. 가끔, 때로는 자주, 또는 줄곧 풍경 소리를 그리워한다. 왜 시에서 풍경 소리가 들려올까. 아마도 '詩'라는 상형문자 때문인 것 같다. 사리 분별할 줄 모르던 시절에 '詩'라는 글자를 접했고, 다른 궁리 없이 상형문자를 그대로 받아들였다. 모든 사물의 첫인상은 살아가는 동안 불현듯 떠올라 권태로운 일상을 살짝 흔들어주거나, 흔들거리는 일상을 차분히 진정시켜주는 역할을 하는데, 시의 첫인상이 그렇게 나를 지배한다. 그래서 시를 떠올릴 땐 늘 풍경 소리도 함께 듣곤 한다.

산속 깊숙이 자리 잡은 산사에서 은은히 들려오는 풍경 소리. 풍경엔 물고기가 매달려 있다. 태생지인 물에서부터 멀리 떠나와 산사의 처마끝에 매달려있는 물고기가 숲을 떠도는 바람과 만나는 작은 소리가 시에서 들려온다. 시인은 물 속에서 유영하는 물고기의 은빛 번쩍이는 생명을 싱싱하게 그려내고, 숲 속 허공에 매달린 생명 잃은 물고기의 슬픈 몸짓을 애잔하게 그려낸다. 뿐만 아니다. 시인은 절간 처마끝 허공에 매달린 죽은 물고기에게 숲 속에서 살아가는 방법을 슬쩍 가르쳐주기도 한다. 바람을 거부하지 말라, 바람에 몸을 맡겨라, 네가 바람과 하나될 때 너는 소리로서 다시 살아날 수 있다, 시인은 물고기에게 주술을 건다. 그리하여 물을 떠나온 물고기는 바람과 함께 산사에서 살아간다. 가끔, 때로는 자주, 또는 줄곧 내게 풍경 소리를 선사하며.

시는 말言의 사원[寺]이다. 사람들이 절에서 무언가 기원을 하듯 시에는 소망의 언어들이 모여있다. 간절히 기구하는 많은 말[言]들이 절[寺]안에 가득 쌓이면 그것이 바로 시詩가 되는 것이다. 시詩는 말[言]의 사원[寺], 즉 종교이고 종교는 우리의 삶을 지배하니 시는 곧 우리의 삶 자체라고 할 수 있다. 적어도 내게는 그렇다. 나는 시적인 삶을 살고 있다. 사람들은 '시적詩的'이란 말을 참 아름답게 생각한다. 시적인 사랑, 시적인 꿈, 시적인 장면, 시적인 삶, 그렇게 시적인 것은 모두가 아름답다고 생각한다. 그러나 시가 우리의 삶 그 자체라면 어찌 아름다움만 표현하겠는가?

나의 시적인 삶에는 잔인한 고통도 있고, 차가운 질시도 있고, 찌든 얼룩도 있다. 세라비c'est la vie. 거듭거듭 행이 바뀌어 진행되는, 페이지를 넘겨도 끝이 보이지 않는 대서사시적인 삶이다. 시적인 삶을 사는 사람이 시를 그리워하는 것은 당연한 일이 아닌가! 나는 자주 시를 읽는다. 소리 내어 읊는다. 그런데 시를 짓지는 못한다. 벽돌로 집을 짓자면 담쌓는 일을 거들기는 할 수 있겠으나, 말로 사원을 짓는 일은 엄두를 내지 못하고 있다. 나도 언젠가는 시를 쓰고 싶다. 멋진 말의 사원을 짓고 싶다. 내 시詩는 풍경 소리가 되어 숲 속 옹달샘으로 찾아가리라. 몸은 절간 처마 끝자락에 매달려 있어도 소리는 얼굴까지 비추이는 명징한 옹달샘 맑은 물에 닿으리라. 살아야 하니까.

윤석산 님의 시에서 "말의 오두막집~"이라는 구절을 접하니 마음이 푸근해진다. 오두막집은 사원보다 우리네 삶에 좀 더 가까이 있는 것이기에. 산사에서 들려오는 풍경 소리가 아니어도 시는 또 다른 생명을 지니고 있다. 오두막집의 온기가 추위에 굳은 어깨를 따뜻이 보듬어 안아주리라. 시는 그렇게 체온을 나누어준다. 아, 봄날이어서 따뜻한가, 시가 있어서 따뜻한가, 오늘은 참 따뜻한 날이다.

시인님들 보셔요! 1

참 어이없는 날입니다. 원래 짜증스럽긴 했지만 오늘은 황당하기까지 하네요. 눈부신 햇빛, 촉촉한 보슬비, 성난 소나기, 그래도 또 남았어요. 놀랍게도 화다다닥, 쏟아지는 우박까지, 하루에 이 모든 것들이 순간순간 바뀌니 어이없는 날씨 아닌가요?

오래 전부터 시인에게 편지를 쓰고 싶었답니다. 글 쓰는 분에게 쓰는 편지라 책잡힐까 무서워 망설이다가 오늘 이 화끈한 날씨에 힘입어 나도 한번 객기를 부려보는 게지요.

시인님! 체르노빌 바이러스가 나돈다고 마치 철시한 듯 한산한 인터넷 동네를 겁도 없이 유유히 돌아다니다가 김용택 님의 시를 발견했답니다.

꽃처럼 웃을 날 있겠지요

작년에 피었던 꽃
올해도 그 자리 거기 저렇게
꽃 피어 새롭습니다
작년에 꽃 피었을 때 서럽더니
올해 그 자리 거기 저렇게
꽃이 피어나니
다시 또 서럽고 눈물 납니다
이렇게 거기 그 자리 피어나는 꽃
눈물로 서서
바라보는 것은
꽃 피는 그 자리 거기
당신이 없기 때문입니다
당신 없이 꽃 핀들
지금 이 꽃은 꽃이 아니라
서러움과 눈물입니다

작년에 피던 꽃
올해도 거기 그 자리 그렇게
꽃 피었으니

〈고향 산〉 135/350×220mm, 2011.

내년에도 꽃 피어나겠지요
내년에도 꽃 피면
내후년, 내내후년에도
꽃 피어 만발할 테니
거기 그 자리 꽃 피면
언젠가 당신 거기 서서
꽃처럼 웃을 날 보겠지요
꽃같이 웃을 날 있겠지요

시인님. 이 시의 감상이 이러저러해야 한다는 이론은 일단 무시하기로 해요. 내가 잡아낸 건 딱 요 구절뿐이니까요. "작년에 피었던 꽃, 올해도 거기 그 자리에 그렇게 꽃 피었으니, 내년에도 꽃 피어나겠지요, 내후년, 내내후년에도……" 시 전체를 읽으라고 강요하지 마세요. 오늘 저는 이 문장을 붓 삼아 휘둘러 커다란 화폭에 아주 구체적인 풍경화를 하나 그렸거든요. 그냥 그런대로 봐주세요.

"작년에 피었던 꽃, 올해도 거기 그 자리에 그렇게 꽃 피었으니, 내년에도 꽃 피어나겠지요, 내후년, 내내후년에도" 저는 이 말이 얼마나 좋은지, 나만 아는 곳에 커다란 보물이라도 감춰둔 기분이에요. 누구에게나 '거기 그 자리에' 있는 것들이 있겠지요? 어려서 살던 곳에 가면 아직도 고향을 지키고 계신 노인들, 사춘기의 몸살을 앓던 제2의 고향에 가면, 아직도 교정에 버티고 서있는 학교 운동장의 등나무, 모교에서 교편을 잡고 붙박이로 남아있는 친구, 고향의 버스터미널 옆 약국에서 언제나 똑같은 미소로 반가이 맞아주는 친구. 그대로 흐르고 있는 강물, 그 곁의 모래밭의 수많은 모래알들, 거기 꼭꼭 심어두고 온 숱한 사연들도 아직 모래 속에 그대로 파묻혀 있겠지요. 아직도 푸르게 남아있는 산, 나무, 공원…….

멀리멀리 떠돌아다니다가 잊었던 그곳에 문득 찾아가면 아직도 그대로 남아 그곳을 지키며 나를 맞아주는 많은 것들. 비록 나를 기다리고 있었던 건 아닐지라도 내게 낯익은 것들이 그대로 남아있다는 것은 얼마나 행복한가요. 내가 버리고 떠난 많은 것들이 나를 버리지 않고 제자리를 지키고 있다는 사실이 얼마나 가슴 뭉클하고 눈물이 나는 고마움인가요!

아, 잠깐, 잠깐만 참으세요, 시인님. 난 당신이 무슨 딴죽을 걸려는지 다 알아요. 고향에 찾아가면, 낯선 사람들이 나를 마치 이방인 보듯 대하는 그 쓸쓸함, 나그네로 찾아간 여행지에서 느끼는 것 이상으로 더욱 더 쓸쓸한 고향에서의 이방인 체감, 이런 것도 있다는 말을 하려는 거지요? 그 말은 그대로 덮어두세요. 오늘은, 모든 것들이 제자리에서 자리를 지키고 있다는 생각을 인정해주세요. 언제나 마음 내키면 발길이 향하는 곳, 거기서 변함없이 자리를 지키고 있는 것들, 사람들, 장소들. 아, 시간도 거기에 머물러 있다면 얼마나 좋을까요.

시인님. 난 시인님이 무명시절에 썼던 시들을 너무너무 좋아해요(여기서 '좋아해요'는 영문법의 현재 분사형입니다. 주어는 '무명시절에 썼던 시'이고요. '무명시절'에 밑줄 그으세요). 연필에 침 발라가며 공책에 베껴 쓰고, 소리를 높여도 보고 낮춰도 보며, 여유 있게 느린 속도로 또는 숨도 멈춘 채 빠른 속도로, 그렇게 시인님의 시를 읊곤 했었답니다. 시인님은 말이에요, 세상의 어느 화가보다도 사물을 더 섬세하게 잘 그렸었지요. 그래서 시인님의 시에선 생명의 끈적끈적한 피가 돌고 있었다니까요. 어느 작곡가보다도 더 감미로운 음률로 사물을 노래했었지요. 그래서 시인님의 시를 읽으면 가슴 밑바닥에 아름다운 음률이 흐르곤 했었지요.

시인님.

벌써 눈치 채셨지요? 시인님의 시에 대한 회상이 전부다 대과거형의 문장이라는 것을. 이제 현재형 문장의 글을 써볼까요?

시인님.

내게 있는 별난 취미가 뭔지 아시지요? 글을 그림으로 그려내고, 그림을 음악소리로 듣고, 음악을 글로 써내는 취미 말이에요. 요즘 시인님의 시는 붓으로 그려지지가 않아요. 컴퓨터의 마우스로 그려야 할 것 같아요.

마우스로 그리는 그림이 우리에게 어떤 느낌을 주는지 아세요? 영화 〈타이타닉〉 보셨나요? 많은 사람들이 죽고, 그렇게 많은 시체들이 물에 둥둥 떠있는 걸 보면서도 그게 정말 사람이 죽었다는 느낌이 안 나잖아요. 아무리 죽었어도 방금 또는 바로 얼마 전에 있었던 체온이 시체에서 우리에게 느껴져야 하는데, 그래야 '아이구 죽었구나'하고 슬퍼지는데, 컴퓨터그래픽으로 만들어놓은 영화의 시체들은 그냥 차갑기만 해서 '체온을 잃은 사람'이 주는 슬픔보다는 그래픽이 주는 '죽은 사람 그림'의 느낌뿐이었어요. 요즘 시인님의 시는 가슴에서 우러나는 음감을 느낄 수가 없어요. 〈요들 송〉에도 흉성과 두성이 섞이는 묘미가 있는데 요즘 시인님의 시는 두성으로만 부르는 노래 같아요. 그래서 그 재주에 정신이 반짝 깨어나기는 하는데, 내 속에서도 덩달아 노래가 우러나오고 흥얼거리며 따라 부르게 되지는 않아요.

요즘 시인님의 시는 빚어낸 조형이 아니라 깎아낸 조각작품 같아요. 재료를 주물러서 빚노라면 그 안에 시인님의 땀이, 호흡이 함께 섞이지요. 그래서 그 완성품을 보며 우리는 만든 이의 체취를 실감하고요. 그런데 덩어리를 깎아내서 만든 작품은 시인님의 체취도 함께 깎아져 떨어져 나갔는지, 참 매끄럽고 고운 선만 남아있을 뿐, 시인님의 냄새를 맡을 수가 없어요.

시인님.

이 글을 써 내려가는 동안에도 날씨는 깜깜해졌다 환해졌다를 여러 번 반복했어요. 지금은 4월 하순. 내복에 스웨터를 입고 이 글을 쓰거든요. 그럼 참 추운 날씨죠? 그런데 얼굴이 화끈화끈하고 몸엔 진땀이 나요. 글 쓰는 것을 본업으로 하는 분께 글을 써서 전달하려고 편지쓰기를 시도한 나 자신이 얼마나 미련한가요. 내가 어떻게 시인님과 감히 시에 대한 얘기를 할 수 있단 말인가요. 그러나 난 이 편지를 끝까지 쓸 거예요. 시인님은 읽어 내려가는 동안 내가 할 말을 먼저 이해하시고, 더딘 나의 서툰 표현을 기다리고 계시리라 믿거든요. 오늘 밤, 다들 잠들고 나 혼자만 남아있을 때, 난 좀 더 깊이 생각하고 다시 쓸 거예요. 이게 도대체 말이 되는 투정인지, 말도 안 되는 협박인지, 잘 따져봐 가며 나머지 편지를 쓸 거예요. 밤이 새도록 열심히 찾아보면, 고향의 강변 모래밭에 아직도 파묻혀 있는 시인님의 옛날 시를 찾아낼 수 있을 거예요. 난 믿거든요. 제자리를 지키고 있는 것이 있다고.

시인님이 공부를 더 많이 하기 전에 썼던 시들이 얼마나 좋았는지, 얼마나 따뜻했는지, 내가 밤새 다 찾아 놓을게요. 그것들을 다 찾아내서 지식을 더 많이 쌓은 후에 쓴 시들과 겨뤄볼 거예요.

시가 지식에서 만들어지는지, 감성에서 만들어지는지 따져볼 거예요. 난 그걸 꼭 캐내고 싶어요. 감성은 시를 잉태하고 지식은 시를 출산한다고 생각하니까요. 우리 모두는 아직 태어나지 않은 아이 하나 품고 있지 않을까요?

내일을 기약하며 이만 총총.

시인님들 보셔요! 2

저녁 식사로 감자를 쪄 먹었어요. 눈이 움푹 패인 자리가 초록색이 아니라 보랏빛이 나는 감자였어요. 개수대 앞에 있는 커다란 유리창으로 마당을 내다보며 감자 껍질도 벗기고, 접시도 몇 개 닦고 그랬지요.

시인님.

창 밖에 있는 모든 것들, 4월의 우박을 견뎌내는 마당의 꽃들, 먹이를 쪼아먹는 새들, 졸고 있는 고양이는 누군가가 창 안에서 자기를 내다보고 있다는 것을 알까요? 나도 모르게 누군가가 창 밖에서 안을 들여다보는 것은 아닐까요? 짐짓 고개를 가로 돌려가며 주변을 한 바퀴 돌아봅니다. 눈, 시인님은 아주 특별한 눈을 가지셨었지요. 시인님의 눈을 지배하는 것은 뇌가 아니라 가슴일 거라고 생각하고 있었어요. 보고 그려내는 시들이 모두 우리들의 머리를 거치지 않고 가슴으로 직접 이어졌거든요. 참, 생각해보니, 눈의 역할이 없어도 시는 쓸 수 있군요. 생각을 옮겨놓는 일도 있으니까요. 그런 것은 사물을 들여다보는 눈조차 거치지 않고 시인님의 가슴에서 단박에 우리들 가슴으로 건너오곤 했지요.

시인님. 아이들이 틀어놓은 아주 빠른 곡의 노래가 들려요. 마음이 바빠져요. 가끔 자동차를 타고 가다가 느끼는 건데요, 운전하는 사람이 음악의 영향을 받을 것만 같아서 음악소리에 신경이 쓰이곤 해요. 오케스트라의 웅장한 연주 중에 갑자기 타악기가 쾅하고 크게 울리면 운전자가 엑셀러레이터를 반사적으로 힘껏 밟게 된다거나, 그런 신경을 쓰곤 해요. 지금도 아이들이 듣는 빠른 음악이 내 생각을 마구 몰아붙이고 있어요. 이러면 나는 또 음악의 영향을 받아 속도가 빨라지죠. 이렇게 갑자기 쓰는 거예요. "시인님이 옛날보다 공부를 더 많이 하신 후에 쓰신 시는 가슴에 직접 건너오질 못해요." 이렇게 재빨리 써버리는 거예요. 슬쩍 겁이 나는 얘기이기도 하니까요. 내가 무식함을 드러내는 것 같기도 하고, 시인님이 기분 나빠할 것 같기도 해서요.

시인님이 공부를 더 하셔서 외적으로 변한 것은 사회적인 위치와 그에 따른 생활의 향상, 인지도가 좀 높아진 것, 그런 것들이겠지요. 성취감도 얻었고요. 그럼 내적으로 변한 것은 무엇일까요? 지혜, 교양, 시를 더 잘 쓸 수 있는 능력, 이런 것들일까요? 학식이 높아지고 지식이 더 넓어진 것은 틀림없는 사실이겠

〈가을 散調〉 185/700×250mm, 혼합매체, 2011.

군요. 그런데 시를 잘 쓸 수 있는 능력까지 더 좋아졌다고는 확신할 수가 없어요. 제 생각엔, 시는 지식이 아니라 본능이니까요. 지식이 숙성되어 지혜가 되고, 가슴속에 출렁이는 감정들이 숙성되는 과정으로 뭉글뭉글 뭉쳐지면서 시로 빚어지니까요. 우리들의 삶엔 지식보다 지혜가 더 빛나는 것처럼, 시를 쓰는 데에도 지식을 앞질러 감정이 먼저 자리를 차지한다고 봐요. 잘 곰삭은 시 한 편이 얼마나 맛나는지! 지식의 습득과 연구의 결과로 나온 시보다는 삶의 모습과 냄새가 묻어있는 시, 사물을 심미안으로 들여다보고 그린 시가 더 가슴속 깊이 파고듦은 저 혼자만 느끼는 현상일는지.

시인님. 소설을 쓰는 친구가 교수인데요, 교수직에 충실하다 보니 소설 쓸 짬을 낼 수가 없다고 투덜거리더군요. 작정하고 소설 쓰기에 몰입했었는데 강의 준비와 학문 연구가 부실해지더라고 한숨 짓더군요. 그는 오랫동안, 정말 오랫동안, 소설가로서도 성공하고 싶고, 능력 있는 교수로도 성공하고 싶어서 고민하고 있어요. 처음에 박사과정에 들어가 공부를 시작할 때는 소설 쓰기에서 손을 떼었지만, 엄청나게 많은 소설 읽기에 치어 지내면서, 쓰지 않는 것에 대한 허전함을 느낄 수가 없었대요. 그리고 학위를 받아야 하는 큰 목표로 소설 쓰기를 접어둔 것에 대한 위안이 되었고요. 박사학위도 받고, 정교수도 되었지요. 실력 있는 학자로 학계에서 평판도 좋았고, 학생들로부터 존경도 받았어요.

그런데, 어느 땐가부터 자신의 가슴 밑바닥에 조용히 똬리를 틀고 있던 '소설'이란 놈이 살그머니 고개를 들더니 목을 쑥 뽑고는 튼실하게 익은 성공의 열매를 깔쭉깔쭉 건드리기 시작하더랍니다. 중학교 때부터 소설가가 되리라고 다짐했던 그는 다시 펜을 잡고 틈틈이 소설을 쓰기 시작했지요. 학위도 다 따놓았겠다, 이제야 마음 놓고 글 좀 써도 되겠지, 그런 생각은 또 다른 복병을 만났지요. 이번엔 그의 나이, 그의 직책, 이미 사회의 중진에 들어선 그의 '사회적인 위치'가 그를 가만 놔두지를 않는 거예요. 그는 교정 밖으로도 분주히 드나들게 되었어요. 대학교수가 그 외의 명함을, 그것도 작은 명함쪽지가 제법 빽빽한 글씨로 들어찬 명함을 따로 가지게 되었답니다.

시인님. 시인님도 그러하시지요? 아무도 발견 못한 아주 작은 보라색 들꽃을 찬찬히 들여다보다가도 초조하게 손목시계에 자주 눈길을 주시지요? 휘익, 불어오는 바람결에 묻어온 바닷냄새를 단숨에 잡아 요술 호리병 속에 가두어놓고도 안심이 안 되어서 자꾸만 그 호리병을 기웃거리시지요? 바다 비린내가 너무 강한 것 같아서 꽃 향기를 조금 집어넣고, 그게 또 맘에 안 들어서 다시 솔바람을 불러다 넣고……. 이제 시인님의 시는 그렇게 만들어지더군요. 제가 비릿한 바닷냄새를 얼마나 좋아하는지 그런 건 아랑곳없이 시인님 마음대로 그 바닷냄새를 희석시키시더군요.

시인님. 시인님의 고매한 학문은 어설픈 시를 그냥 두고 볼 수가 없겠지요. 학문이 고매한 경지이듯, 시도 모자란 곳 보충하고 넘치는 것 절제하여 희랍의 조각처럼 준수하게 다듬어야 만족하시겠지요. 딱 먹기 좋게 익은 열매, 가장 보기 좋은 상태의 꽃, 은은한 고급 향을 풍기는 시로 완성되어야 마음이 놓이시겠지요. 우리를 유혹하는 것은 떫은 풋과일인 것을, 꿀물이 철철 흐르는 농익은 과실인 것을, 그런 생각을 공유했던 시절을 잊으신 겁니다. 우리의 가슴을 설레게 하는 것은 아직 열리지 않은 봉오리인 것을, 가슴에 후두둑 후두둑 떨어지는 꽃잎인 것을, 그런 것에 함께 빠져있던 시절을 잊으신 겝니다. 우리가 취하여 비틀거리는 것은 엷은 비누 향인 것을, 쓰디쓴 들풀의 향내인 것을, 그런 것에 함께 몽롱하게 취하여 어깨동무하고 비척거리며 헤매던 시절을 잊으셨음입니다.

내가 얼마나 간교한지 스스로 놀라고 있는 중이에요.

왜냐고요? 이 편지 말이지요. 만약에 평론형식의 글로 썼다면 어쩔 뻔 했어요? 학문이 짧은 내가 무슨 실력으로 이론을 전개하며 앞뒤를 맞출 수 있겠으며, 억지로 짜맞추어 써냈다 하더라도 만약에 시인님이 반론이라도 하신다면, 그걸 내 능력으로 어찌 감당이나 할 수 있겠습니까. 그러니 이렇게 편지를 쓴 거지요. 제 마음은 전달하고, 만약에 시인님이 이거 논리에 맞지도 않는 글이라고 야단하셔도 “아휴 참, 그깟 편지를 가지고 뭘 그러세요?”하고 슬쩍 도망갈 수도 있으니까요. 그러나 제 마음은 다 알아주셔야 합니다. 너무 횡설수설한 편지라서 시인님의 성격에 맞게 다시 정리해야겠어요.

저는요, 시인님이 국문학, 시문학을 많이 공부하셔서 박사님이 되시고, 그 쌓은 지식을 토대로 쓰신 시보다는, 그렇게 공부 많이 안 하셨을 때 읊었던 시들이 더 좋아요. 그전 것이 더 아름다워요.

시인님. 학교 일로 바쁘시고, 문단 일로 바쁘시고, 사회적인 체면치레로 여기저기 휘둘리면서 좋은 시 쓰실 시간 빼앗기는 것 안타깝다는 얘기에요. 시인님에게 있어서 시는 문학의 한 장르요, 시학에 맞는 시를 판단하며 쓰시지만, 저는 가슴으로 읽고 있거든요. 시가 성립이 되든 안 되든, 가슴에 첨벙 물소리를 내며 던져지고 물결이 번져나가는 가느다란 떨림을 감지하고 있거든요. 시인님에게는 시가 학문일지라도 저에게 시는 삶입니다.

시인님 보셔요!

오늘 밤엔 이론서 한권도 못 읽어본 산골 소년이 되어, 봄 꽃이 뭉게뭉게 피어나는 산속에서 벌거벗은 소년이 되어, 시 한 편 써 주세요. 벗은 몸, 열린 가슴으로 욕심껏 흡기한 산 향기 그대로 내게로 뿜어주시어요. 시인님!

참 시인을 그리며.

3

나무에 대한 기억

청색시대

오늘 아침 습도는

허리에 찜질용 전기 핫팩을 대고 의자에 앉아있다. 며칠 전부터 맴돌던 생각에 결말을 내기 위한 준비다. 쉽게 끝날 것 같지 않은 예감, 그러나 오늘도 또 그냥 넘기지는 않겠다는 결심, 어쨌든 오래 앉아 버텨야 한다는 생각으로 핫팩을 허리에 대고 온도를 높이고 움직이지 않도록 복대로 고정시킨 후 의자에 앉아 있다. 무엇이 나를 이렇게 철저한 준비까지 하게 만들었을까? 습도濕度 때문이다. 내 눈이 습도계보다 더 정확하게 습도를 잴 수 있는지 실험을 하기 위함이다. 정밀한 습도계의 미세한 눈금에도 변화가 없을 정도의 아주아주 적은 습도의 차이를 내 눈으로 감지할 수 있음을 증명하기 위함이다. 습도를 재는 과정보다는 이미 잰 습도를 어느 만큼이라고 글로 서술하는 일이 더 어려운데, 나는 습도의 미세한 차이를 정밀하게 설명하고 내 눈이 얼마나 정확한 습도계인지, 내 글이 얼마나 정확히 그걸 표현해주는지 증명하고 싶다. 머리카락 습도계는 습도가 0퍼센트에서 100퍼센트 증가하면 그 길이가 약 2.5퍼센트 늘어난다. 이 길이의 늘어남으로 습도를 재는 것이 바로 머리카락 습도계이다. 100퍼센트라는 큰 수치의 변화야 오관이 살아있는 사람이라면 누가 감지 못하랴? 나의 욕심은 0.01퍼센트 이하의 변화도 감지하고 나타내보려는 것이다.

아침에 일어나 제일 먼저 하는 일은 정원으로 향한 커다란 유리창을 열고 밖을 내다보는 것이다. 평범한 영화나 식상한 드라마의 아침 열기와 다름없다. 얇은 잠옷 위에 로브가운을 걸치고, 부엌으로 가서 마실 것을 컵에 따라 들고, 창가로 다가서며 커튼을 주욱 밀어 열고, 그러면 미명이거나 햇살이 쏟아져 들어오거나 혹은 안개에 앞이 꽉 막혔거나 그것은 극의 전개에 따라 다르지만, 창가로 가서 커튼을 여는 것으로 아침을 여는 묘사, 그대로 나는 정원으로 통하는 창을 여는 것으로 아침을 맞는다.

여기서부터 나의 습도 재기는 시작된다. 눈에 눈물 한 방울 고였을 때 그 눈물방울을 통해 바라보는 사물이 평소보다 더 명징해 보임을 나는 잘 안다. 이슬방울만 한 눈물일 땐 가장 잘 맞는 렌즈를 통해보는 세상처럼 명징하고, 구슬방울만 한 눈물일 땐 볼록렌즈를 통해 보는 세상처럼 어릿거린다. 아침, 커튼을 젖혔을 때 이슬방울만 한 눈물을 통해 바라보는 사물처럼 정원 전체가 명징한 모습으로 눈에 들어오는 날이 있다. 그렇게 보일 만큼의 습도가 있는 날은, 건조한 날보다 정원은 더욱 푸르고 맑고 선명하다. 초록은 초록대로, 노랑은 노랑대로, 갈색은 갈색대로 각기 제 빛깔들을 가장 선명하게 보여준다. 눈에 고인 이슬방울만큼의 습도가 있을 때.

그 정도에서 머리카락 한 올의 차이만큼이라도 습도가 더 있으면, 이미 정원은 명징한 빛깔이 아니다. 그러나 사실은 100명 중의 99명은 그 차이를 느끼지 못할 정도로 별 표도 안 나는 차이의 맑고 청명한 날이다. 우리가 늘 '아, 오늘 날씨 좋다'라고 말하는 아침 모습이다. 간밤에 내린 비의 물기가 완전히 다 걷힌 직후의 모습이다.

여기에 또 조금만 더 습도가 높아도, 이미 '날씨 좋다'라는 말은 하지 않게 된다. 요만큼의 단계를 넘어서면서부터는 습도가 단순 더하기의 증가를 보이는 게 아니라 제곱으로 늘어난다. 습도의 분포가 넓기 때문이리라. 정원에 물기가 가득하기 때문이리라.

미명처럼 희붐하거나, 엷은 안개가 낀 걸 보니 오후엔 날이 좋겠다는 기대를 슬쩍 던져주는 습도는 정원에 있는 풀잎들이 이슬방울에 반짝이게 한다. 풀잎은 이슬방울의 미세한 무게 차이를 정확히 감지한다. 그대로 껴안고 있을지 떨구어 버릴지를 풀잎은 알고 있다. 그런 감각은 풀잎뿐만 아니라 이슬방울에게도 있다. 풀잎 끝에 대롱대롱 매달려 있어도 될 만한 눈치면 절대로 떨어지지 않고 오래도록 풀잎에 몸을 붙이고 매달려 있는다. 이런 날은 정원을 한 바퀴 돌고 나면 습기에 노출된 머리카락은 함치르르 윤을 낸다.

명징한 아침에서 희뿜한 아침까지의 몇 단계로 변하는 습도 차이를 감지할 수 있는 사람은 아마 한 50퍼센트는 될 것이다. 나머지 50퍼센트의 사람들은 확실히 눈에 보이고 손으로 만져지는 습도나 느끼게 된다. 이 단계가 되면 는개 안개 이슬비 가랑비…… 비를 그려야 한다. 정원의 모든 것들이 축축히 젖어있고, 그 누기가 사람의 속까지 밀고 들어와 가슴 속 깊은 곳에서부터 눅눅해진다. 가슴에 번지기 시작하는 습기를 빨리 내쫓지 못하는 날엔 다시 식상한 영화 장면을 연출해야 한다. 어깨에 숄을 두르고, 김이 모락모락 나는 뜨거운 커피잔을 들고, 이미 발그레한 불씨가 들어있는 벽난로에 마른 나무 조각을 집어넣으며 그 앞에 어깨를 움츠리고 앉는 수순을 밟게 된다. 불꽃이 넘실거릴 즈음이면 방안까지 밀고 들어온 정원의 습기가 먼저 슬그머니 물러나고, 그 뒤를 이어 가슴 바닥에 고여있던 물기도 마르기 시작한다.

오늘 아침 습도는 이슬보다는 약간 큰, 구슬방울만 한 눈물을 매달고 사물을 바라보는 정도이다. 볼록렌즈를 통해 보는 세상처럼 약간의 물기가 배어있는 아침이다. 명징하기는 하나 물체의 선이 선명하지 않고 약간 어릿어릿해 보이는 정도의 물기가

〈**청색시대**Blue Period〉 155×220mm, 32쪽, 2008.

아침 정원에 배어있다. 이렇게 습도에 민감한 것은 왜일까? 눈에 물기가 많음 때문일까, 허리가 뻐근하기 때문일까, 런던이기 때문일까.

런던은 늘 젖어있다

는개. 나는 벌써부터 알고 있었다. 주룩주룩 내리는 비는 사물의 거죽을 주르르 씻어 내리지만, 는개는 마음속 깊은 곳으로 스며든다는 것을. 런던은 늘 안개에 젖어있고, 는개가 내리고, 그 물방울은 깊은 곳에 고여 나는 늘 습기를 머금고 있다. 감전될 위험에 노출되어 있다.

생활에서 가끔 경험하는 감전이 있다. 잠깐 찌르르 깜짝 놀라고 안전하게 지나가는 그런 감전을 여러 번 경험하게 된다. 손에 습기가 있든지, 전기용품의 피복에 문제가 있든지 그런 경우에 감전이 일어난다.

나는 전기 오른다는 말을 할 때마다 혼동이 온다. 전기와 물이 서로 만나면 짝 달라붙으니 친하다고 해야 할지, 서로 만나면 큰일 나니 서로 상극이라고 해야 할지.

어떤 말이 옳을까? 전기와 물은 서로 친해. 전기와 물은 상극이야. 그깟 말이 무슨 문제가 되랴. 어쨌든 둘이 서로 작용을 한다는 데 의미가 있는 게지.

사람은 일생에 몇 번쯤, 사랑에 감전될까? 한 번에 치명적으로 타버리는 경우도 있을 테고, 가끔 죽지 않을 만큼 전기가 오는 경우도 있을 것이다. 전기용품이 불량이든 몸에 묻은 습기 때문이든. 피복을 잘 입히고 방수처리를 잘 한 전기용품은 물속에서도 안전하지만, 불량제품은 아주 적은 습기에도 위험하다.

사람과 사람이 만나서 전기가 통할 때는 어떤 경우일까? 감정이 물기를 듬뿍 머금고 있을 때 전기가 오르는 상황을 생각해 본다. 미친 듯이 사랑에 빨려 들어갈 때가 있다. 사랑하는 '사람'에 빠지는 것이 아니라, '사랑'의 늪에 빠진다. '상대방 사람'을 사랑하는 것이 아니라, 주체할 수 없는 나의 '사랑하는 감정'에 빠져드는 것이다. 처음엔 사람을 사랑했다가도 나중엔 감정의 상승작용으로 감정의 노예가 되고, 자기가 그 사람을 죽도록 사랑하는 것으로 착각할 때가 얼마나 많은가.

그렇담 우리들 중 누가 감히 사랑 앞에서 얼음처럼 차가워질 수 있단 말인가? 없다! 아무도 사랑이란 열병을 식힐 묘약을 가지고 있지 않다. 그저 넋잃고 앓는 수밖에. 죽어도 피할 수 없이 앓는 수밖에.

가끔은, 내가 그 사람을 사랑하는 것이 아니라, 나에게 사랑할 대상이 필요함을 느낄 때가 있다. 내 몸 안에서 어떤 갈망이 부글부글 끓어올라, 끓는 것들이 다 그렇듯이 내 몸 밖으로 그 끓어오름이 넘쳐흐를 지경일 때, 나는 사랑할 사람이 필요하다. 그에게, 내가 사랑한다고 생각하는 그에게, 나의 모든 것을 다

쏟아 부어버릴 그가 내게 필요하다. 그런 때, 어느 대상을 만나면 나는 이제 미친 듯이 나를 송두리째 던져버리게 된다. "우리 집 마당에 새가 한 마리 날아왔어요", "맑스가 주장한 사회주의 사상과 현실에서 실천된 사회주의는 완전히 틀린 거예요", "아를의 햇빛에 미친 사람은 고흐 한 사람 뿐일까요?", "런던에서 이층버스를 타보셨어요?", "피터 샘프러스는 금년 윔블던 대회에 출전할까요? 어쩜 은퇴할지도 모르죠", "아, 나에게 당신이 없었다면 나는 세상을 얼마나 삭막하게 살았을까요"

풀어놓은 이야기 보따리는 마술사의 겹보자기처럼 비둘기도 토끼도 스카프도 신기하게 술술 내보내고 날은 서서히 밝아오는데, 나는 이미 사랑하는 사람 그 자체가 누구인지는 상관도 없이 다만 내 얘기에 취해서 들뜬 가슴을 쓸어 내리고……. 사랑이 이렇게 자리 잡을 때가 있다.

이런 경우엔 사랑하는 사람과 결별하면 곧 죽을 것 같지만, 생인손으로 손톱 가장자리가 곪았을 때 손톱을 뽑아버리면 머지않아 새 손톱이 나오듯이, 상처는 서서히 치료된다. 손톱이 없으면 얼마나 불편한가? 그리고 새로 손톱이 나와도 한동안은 차갑고 시리다. 그러나 얼마 동안의 기간이 그렇게 지났는지 의식하지도 못한 채 건강한 손톱은 벌써 다 자라있다. 사랑은 그런 것. 내가 내 흥에 취해 남의 잔치에 가서 덩실덩실 춤을 추는 것, 남의 초상집에 가서 제 설움에 목놓아 우는 것. 사랑에 빠지면, 너무 깊이 빠지면 오히려 사랑하는 대상은 사라지고,

오직 내 감정만이 파도치다가 내 자신이 그 파도에 휘말려 빠져 죽는 것. 내 몸에 습기가 가득할 땐, 사랑이 예감되는 사람을 경계해야 된다. 전기가 쉽게 오르니까.

슬픈 맥주 그리고 마림바

술이 우리에게 미치는 영향은 무엇인가? 술은 우리에게 도움을 주는가, 해악을 끼치는가, 술이 우리를 지배하는가, 우리가 술을 지배하는가, 이런 문제를 풀기 위해서는 우선 술 취하지 않은 맑은 정신이 필요하다. 술은 즐거운 기분을 북돋워주는 얼쑤! 추임새의 역할을 한다. 의인화된 술의 입장에서 보자면 이 추임새의 역할은 땅 짚고 헤엄치기처럼 쉬운 일이다. 술로선 별 수고랄 것도 없이 손쉽게 사람들의 흥취를 돋워줄 수 있다. 술은 잊고 싶은 것을 잊게 하는 역할, 고통을 둔화시키는 역할을 한다. 이 역할은 의인화된 술의 입장으로 말하자면 아주 난감하고 힘든 일이다. 마시는 사람은 전적으로 술에 의지하지만, 술은 그의 기대에 부응하기 어렵다. 술은 전심전력으로 마시는 사람을 돕고자 애를 쓰지만 기대치에 미치지 못한다. 치료제의 역할은 못하고 다만 몇 시간의 진통제 역할밖에 못한다. 이것이 술이 가진 능력의 한계이다. 이것은 술 한 잔 마시지 않은, 술 근처에도 가지 않은 맑은 정신으로 분석한 술의 역할이다.

창 밖에 비가 내린다. 우울한 유리창은 하염없이 울고있다. 창으로 눈물이 주룩주룩 흘러내린다. 자, 술을 한잔 마셔볼까. 애초의 그 맑은 투명성을 잃고 벌써부터 간유리 모양으로 변해버린 유리창의 우울을 위로하기 위해 술을 한잔 마셔볼까. 효력 없음이 입증된 술을 마시느니 차라리 베를렌의 시를 읊는 게 더 나을지도 모른다. 거리에 조용히 비가 내린다.

– 아르튀르 랭보 –

거리에 비 내리듯
내 마음에 눈물 내린다.
내 마음속에 스며드는
이 우울함은 무엇이런가?

대지와 지붕에 내리는
부드러운 빗소리여
우울한 마음에 울리는
오 빗소리, 비의 노래여

슬픔으로 멍든 내 마음에
까닭 없이 비는 눈물짓는다.
뭐라고 ! 배반이 아니란 말인가?
이 크낙한 슬픔은 까닭 없는 것.

까닭을 모르는 슬픔이란
가장 견디기 어려운 고통
사랑도 미움도 없지만
내 가슴은 고통으로 미어진다.

폴 베를렌의 시 〈거리에 비 내리듯(Il pleure dans mon coeur)〉

베를렌의 시는 가라앉을 듯 그러면서도 익사하지 않고 위로 폴짝 뛰어오르는 건반악기 음의 빗소리를 오히려 바닥에 드러누워 버린 첼로 음으로 바꿔놓는다. 그럼 이젠 술을 마셔야지. 무슨 술을 마셔야 하나. 한때는 사과향이 짙은 리큐어에 맛을 들인 적이 있었다. 술이 체질에 맞지 않는 나는 24도 사과술의 싸한 알코올 맛보다는 끈적한 단맛에 빠져들었다. 달콤함은 언제나 유혹의 맛이 아니던가! 식구들은 대형 슈퍼마켓에 가면 사과술을 찾곤 했다. 단맛에 빠져 사과술 한 잔 맛있게 마시는 나를 핑계로 각종 술이 진열된 선반을 구경하며 각자가 자기들 취미대로 입맛다심을 다 알건만, 그래도 식구들은 술 구경을 할 때마다 내가 좋아하는 사과술을 찾기 위함이라고 둘러댔다.

어느 날인가는 아이들이 시장을 봐오면서 나를 위해 '베일리' 한 병을 사왔다. 아이리쉬 커피맛이 나는 17도짜리 술이다. 술맛 모르는 나는 베일리의 구수한 알코올 맛보다는 좋아하는 커피향과 그 맛을 더 즐겼다. 아, 사과술의 알코올 맛은 싸아하고, 베일리의 알코올 맛은 구수하다. 얼마 전부터는 '기네스'의 맛을 알게 되었다. 아일랜드산 흑맥주다. 막내아들이 마시는 걸 옆에서 한 모금 얻어 마셨더니 그 쌉싸롬한 맛이 일품이라 금방내 흑맥주의 맛에 빠져들게 되었다. 어쩜 그것은 쓰디쓴 맛이었는지도 모른다. 기름진 베이컨 구이와 달걀 프라이를 넣은 샌드위치가 흑맥주의 쓰디쓴 맛을 산뜻한 쌉싸롬함으로 바꿔놓았을 수도 있다.

술 마신다는 말은 자주 '음주가무'라는 한 단어로 묶이게 된다. 참 서로서로 잘 어울리는 것끼리 짝을 지어 만든 말이다. '무舞'는 나중에 그림으로 그리기로 하고, '음주飮酒'와 '가歌'의 어우러짐이나 살펴본다.

분명히 그 술에 그 음악으로 어울리는 것이 있다. 누가 크리스털 잔에 담긴 황홀한 붉은색의 와인을 위해 〈닐리리야〉 CD를 오디오에 얹어놓겠는가? 와인도, 코냑도, 보드카도, 위스키도, 막걸리도, 소주도 다 어울리는 음악, 노래가 있다. 잘 어울리는 가락이 술의 역할을 도와줌은 분명하다. 영화 〈황태자의 첫사랑〉의 장면처럼 왁자한 파티에서 맥주잔을 부딪힐 때 실내에 가득찬 〈드링킹 송〉은 맥주와 얼마나 잘 어울리는가! 맥주로 유명한 독일 뮌헨의 호프브로이 하우스에서 낯 모르는 옆자리 사람들과 어깨동무를 하고 목청껏 부르는 〈컨츄리 로드〉도 맥주의 흥을 돋운다.

그런데 사실은, 사실은, 그 북적대는 분위기와는 달리 맥주는 참으로 슬픈 술이다.

슬픈 맥주. 맥주의 원료인 호프는 암나무와 수나무가 따로 있다. 맥주는 암나무 호프의 꽃으로 만든다. 암나무의 '암'은 달콤하고 향긋한 이미지가 연상되고 따뜻한 느낌을 주는데 어찌 맥주 맛은 쓴 것일까, 어찌 맥주는 차디차게 식어야만 제 맛이 나는 것일까. 암나무의 고통이 거기 들어있기 때문이다. 호프는 암, 수나무를 같이 심으면 수정이 일어나 호프의 중요 성분이 감소되므로 맥주를 만들기 위해서 암나무만을 따로 심는다. 고통은 거세당한 수컷에게만 있는 것이 아니다. 수정의 본능을 빼앗긴 암나무에게도 쓰디쓴 고통이 있다. 맥주는 그렇게 암나무의 쓴 눈물로 빚어진다. 그리고 맥주엔 체온이 없다. 차갑다. 그래서, 이런 사연을 지닌 쓴 맥주, 찬 맥주, 슬픈 맥주엔 앞서 말한 노래들, 떼지어 어깨동무하고 큰소리로 외치며 불러대는 노랫가락보다는 오히려 같은 슬픔을 지닌 가락이 더 어울린다.

마림바. 맥주가 슬픈 술인 것처럼 마림바는 슬픈 악기이다. 막내아들이 짐바브웨에서 가져온 마림바는 전혀 문명의 손질을 하지 않은 짐바브웨 원주민들의 민속악기이다. 천연 조롱박을 소리통으로 하고 위에는 나무판을 나무 쐐기로 끼워 만들었다.

마림바의 연주를 들어보았는가? 한마디로 뭐라고 표현해야 할까. 애절함! 그렇다. 마림바의 소리는 애절하다. 그리고 멀리 퍼져간다. 원래 짐바브웨 원주민들은 마림바를 암나무만을 사용해서 만들었다. 암나무만이 마림바 특유의 애절한 소리를 낸다. 그리움에 사무친 마림바의 애절한 소리는 어딘가에서 듣고 있을 수나무에게까지 멀리 퍼져나간다.

자, 맥주를 마시며 마림바를 통~ 통~ 두드려보자. 수나무를 그리워하는 암나무들의 쓰디쓴 눈물이, 암나무들의 애절한 소리가 서로 어우러져 술 마시는 자에게 엄숙히 말한다. 세상 모두에겐 자기가 감당해야 할 고통이 있느니, 자 내 술을 마셔라, 그 쓴맛으로 너의 쓰디쓴 고통을 대신하여라, 자, 내 노래를 들어라, 그 애절함으로 너의 애끓는 마음을 대신하여라!

눈물을 철철 흘리던 유리창은 아직도 젖어있다. 비는 그대로 주룩주룩 내린다. 베를렌의 시 〈거리에 비 내리듯〉 따위는 집어던진다. 대신 맥주를 마신다. 차고 쓴 맥주를. 그리고 빗소리에 스며드는 마림바의 소리를 듣는다. 아, 슬픈 맥주 그리고 슬픈 마림바.

구스타프 클림트 〈죽음과 삶〉

–Klimt, Gustav – Death and Life, 1916
Oil on canvas, 178×198 cm, Private collection, Vienna

죽음, 삶, 일생을 살면서 이 두 단어를 한번도 생각해보지 않은 사람은 없을 것이다. 언뜻 생각해보면 바로 옆에 있는 단어요, 다시 생각해보면 아직은 나와 먼 단어이기도 하다. 그러나 나와 결코 무관하지 않은 말, 삶과 죽음!

십대 후반에 쇼펜하우어의 염세철학에 빠져들고 키에르케고르의 『죽음에 이르는 병』을 읽고, 푸쉬킨의 "생활이 그대를 속이더라고 결코 슬퍼하거나 노하지 말라"로 시작하는 〈삶〉이라는 시를 시시때때로 읊고, 책상 앞엔 "비켜라 운명아 내가 간다" 이런 말을 써 붙이는 시절에는 죽음의 동경과 삶의 극복에 시달리며 열병을 앓는다. 죽음은 두려움이 아니라 미지의 세계에 대한 매혹이고, 삶은 아직 그 진미를 알 수 없는 씀바귀나물 맛이다. 아, 참, 이건 1960년대 내 젊은 날의 상황이었고, 요즘 고등학생들도 쇼펜하우어나 키에르케고르에 심취하는지는 모르겠다. 그러나 예나 지금이나 삶에 대한 애착이 강한 것처럼 죽음에 대한 동경도 강렬한 것이 우리네 인생 아닌가!

구스타프 클림트의 그림 〈죽음과 삶〉에서 옆에 버티고 서있는 해골은 영락없는 저승사자의 모습이다. 누구를 데리러 온 것일까? 한 덩어리로 똘똘 뭉친 이 가족들은 저승사자가 그들 옆에 와 있는 것을 알면서도 시치미를 뚝 떼고 있는 것일까, 아니면 전혀 모르고 잠 속에 빠져있는 것인가. 저승사자가 힘껏 끌어당겨도 이들은 누구 하나도 내어주지 않을 기세로 똘똘 뭉쳐있다.

이부자리도 귀하던 시절, 색색의 조각이불 하나에 온 가족이 몸을 들이밀며 밀착되어 지내던 내 어린 시절의 모습이 떠오른다. 우리는 서로 이불을 내 쪽으로 끌어당기기는 했어도 곁에 붙어있는 사람을 밀어내지는 않았다. 클림트 특유의 모자이크 기법으로 채색된 이 그림, 한 덩어리로 뭉친 사람들을 보면서 갑자기 우리의 옛 모습이 생각났다.

죽음은 언제나 클림트 그림의 주 테마였다. 그러나 모든 것이 끝난다는 절망 대신 새로운 시작의 희망을 주는 죽음이다. 어린 아이를 등장시키므로 우리에게 죽음이 끝이 아님을 암시하는 것 같다. 그의 그림에서 죽음은 두려움이 아니라 마치 잠을 자며 꿈을 꾸는 듯한 평화로움을 보여준다. 클림트가 친하게 지내던 음악가 구스타프 말러도 그의 음악에서 죽음은 잠시 나들이 간 것으로 표현한다. 뤼케르트의 시에 곡을 붙인 〈죽은 자식을

〈구스타프 클림트 Gustav Klimt**〉** 170×210mm, 포스트카드, 2009.

그리는 노래〉에서 말러는 “그 아이는 잠시 밖에 나갔을 것이라고 생각한다”고 했다.

클림트의 〈죽음과 삶〉은 로마 국제전에서 일등상을 받았다. 1911년에 그렸으나 5년 후 다시 수정했다. 클림트가 즐겨 사용하는 골드 배경 대신 다크블루 배경을 쓴 것이 특별하다. 어떤 사람은 마티스를 모방한 것이라 하고 어떤 사람은 다만 풀 죽은 이미지를 표현하고자 했을 뿐이라고 한다. 어쨌든 그 그림은 골드를 사용하지 않은 클림트의 골든 작품이다.

슈베르트 현악 4중주 14번 〈죽음과 소녀〉의 연주를 들으며, 그 곡의 가사인 마티아스 클라우디우스의 시를 읽으며 클림트의 〈죽음과 삶〉을 감상하면 죽음이 부드럽게 잠을 재워주는 친구로 느껴진다. 젊은 날 한때 곁눈질을 했던 쇼펜하우어의 염세철학이 다시 떠오른다. 마티아스 클라우디우스는 그의 시에서 속삭인다. 소녀의 간절한 소망, "나는 아직 어려요. 그냥 지나가 주세요." 사자의 달콤한 대답, "나는 친구란다. 괴롭히러 온 것이 아니야. 내 팔 안에서 꿈결같이 편히 잠들 수 있단다."

그러나, 그러나 클림트의 그림에서 주시해야 할 부분이 있다. 울근불근한 사내의 근육, 확대된 혈관에 뜨거운 피가 콸콸 소리를 내며 돌고 있을 것 같은 그의 근육이 그림에서 어색할 정도로 튀어나와 있지 않은가? 〈삶〉이다! 죽음과 삶은 공존한다.

그림에도 삶과 죽음은 나란히 한 틀 안에 있고, 우리네 인생에도 삶과 죽음은 한 울타리 안에 있다.

나무를 그리다

무식하면 용감하다는 말이 있는데, 이제부터 하는 이야기는 모두가 다 무지에서 나온 용감한 이야기로 알면 된다. 미술에 대해 아는 사람이 들으면 피식 웃음이 나올 이야기들이다.

교회에서 십자가에 그림을 그리면서 처음으로 아크릴물감 칠을 해봤다. 그때 아크릴의 매력을 알게 됐다. 그 매력이란 수채화와 달리 개칠을 해도 흉하지 않다는 것이다. 화이트를 쓰지 않고 농담으로만 색을 내던 투명수채화보다 편한 것은 흰색을 섞어서 쓰는 것이었다. 이삿짐 싸다 말고 아크릴 그림을 한번 그려봤다. 순전히 일하기 싫어서, 일은 하기 싫고 그냥 빈둥빈둥 있을 수는 없으니까 그림이라도 그려본 것이다. 어머니 표현을 빌리자면 나는 오방난장, 도깨비 쓸개같이 해놓고도 태평한 사람이다. 마치 재활용품 수거하는 장소처럼 떠벌여 놓은 상황에서 그림 그릴 생각이 나다니.

나무! 나무를 그렸다. 나무를 좋아하기도 하지만 순전히 편할 것 같아서 선택한 소재이다. 쉬울 것 같아서 나무를 그렸다. 나무란 원래가 자유로운 형태 아닌가. 스케치한 선 밖으로 붓이 나가면 '원래 나뭇가지가 굵기도 하고 가늘기도 한 것이지 뭐' 하면서 넘어가고, 붓질이 거칠게 드러나면 '원래 나무는 이렇게 결이 있는 거야. 매끄러우면 그게 유리지 나문가' 이렇게 또 넘어간다. 색깔도 멋대로이다. '나무가 뭐 정해진 색이 따로 있나?' 그리면서 나의 나무에게 말도 건다. "야, 나무야, 너는 무슨 색깔이고 싶니? 말해봐. 네가 원하는 대로 칠해줄게."

무슨 색으로 칠하든 틀린 색은 아니다. 그래서 신난다. 형태는 또 어떤가. 그것도 내 멋대로 휙휙 그어댄다. 나뭇가지가 하늘을 찌르건 땅바닥을 기건 아무러면 어때, 그래도 틀린 건 아닌데 뭐. 이렇게 나의 나무는 완성되었다. 네 그루의 나무가 먼지 투성이의 책상 위에 나란히 놓여있다. 커피를 마시면서 색칠을 했는데 어쩌다 보니 내가 붓을 커피잔에 헹구고 있었다. 그래서 나는 애매한 나무에게 마구 화를 내버렸다. "야, 너! 나무기둥! 너는 왜 하필 색깔이 커피랑 같은 색이니?" 붓을 헹구던 물과 마시던 커피의 색깔은 똑같았다.

나무 그리기가 생각만큼 자유롭진 않다. 가지가 제멋대로 뻗어도 정해진 공간 안에 여러 가지들과 서로 어울려야 하고, 색깔이 아무리 멋대로라도 한 공간 안의 다른 색들과 조화를 이뤄

〈사계절〉 210/650×295mm, 아크릴물감, 바틱종이 표지, 2009.

야 한다. 아무리 개칠을 해도 되는 아크릴물감이지만 떡칠이 된 게 다 표가 난다. 사람이 외양을 매끄럽게 잘 포장해도 엉망진창인 속이 다 비치기 마련인 것처럼.

A4 사이즈에 갇힌 나무 한 그루기 미치 우리네 인생과 똑같이 생각된다. 자유는 보장되지만 안하무인이면 안 되고, 정해진 공간에서 한 군데 몰려 있어도 안 되고, 튀는 색도 멋있지만 다른 색과 어울리지 않을 땐 멋이 아니라 시각공해가 된다. 나뭇가지마다 햇빛도 서로 나누어야 하고, 하늘도 서로 바라봐야 하고 바람도 함께 맞아야 한다. 공존하는 것들(생물이든 무생물이든)에게 방해가 되지 않는, 곁에 있는 이들에게 해악을 끼치지 않는 참 평안하고 멋진 자유에 대해 생각해본다.

나무에 대한 기억

지금은 입산금지된 계룡산 속 숲에 파묻힌 집에서 어린 시절을 보냈다. 그 시절 숱한 나무들과 친구하며 놀았는데 나무에게 이름을 묻지도 않았고, 이름을 가르쳐주는 사람도 없었다. 오히려 나무 곁을 떠나 도시에서 사는 동안 옛 친구들의 이름을 알게 되었다.

아주 어려서, 초등학교 입학 전이니까 여섯 살 이전의 기억이다. 나무를 껴안고 맴돌던 기억이 난다. 나무를 안았는데 두 손을 맞잡을 수 없었다. 손을 맞잡기 위해, 왼손으로 나무를 꼭 안고 오른손을 벌려 왼쪽으로 마구 돌았다. 두 손은 만나지 않았다. 다시 반대로 오른손을 만나기 위해 왼손을 벌려 오른쪽으로 돌았다. 아무리 돌아도 왼손과 오른손은 만나지 않았다. 그렇게 나무를 껴안고 맴돌며 지내는 날들이 많았다. 그때 한 아름이 넘던 나무들을 지금도 나는 품을 수 없다. 내 품보다 나무는 더 많이 자랐기 때문이다. 일 년에 한 번쯤은 그곳을 찾아가지만 입산금지 팻말이 가로막아 살던 집에는 갈 수 없다. 집이 그대로 폐허가 된 채 남아있는지 모르겠다. 아마 아주 오래 전에 폐가가 되어 흉물스럽다고 헐어버렸을 것 같다.

온종일 친구가 되어 놀아주던 나무들도 지금은 어느 나무들인지 알아볼 수 없다. 산으로 들어오는 긴 길을 따라 벚나무들이 주욱 늘어서 있고, 절간엔 감나무가 많다. 껴안고 맴돌았던 나무들은 아마 벚나무들이었을 것이다. 내가 나무에게 들려준, 아니 좀 더 정확히 말하자면 나무가 들어준 나의 숱한 이야기들은 나이테 속에 파묻혀 새 나오지 않는다. 다른 사람은 아무도 들을 수 없다. 다만 내 친구가 되었던 나무만이 나의 이야기를 듬직한 기둥 안에 품고 있다. 그 친구를 찾고자 기웃기웃 한참 서성이며 나무들 곁을 맴돌면 그가 나를 먼저 알아보고 켜켜이 덮인 나이테 속에서 옛이야기들을 꺼내어 들려준다. 그 이야기라는 것이 제대로 된 말도 아니고, 토막토막 끊어진 외마디 말들이지만 내겐 무엇보다도 소중한 보물이다.

세상에 떠도는 기교 넘치는 환락의 언어들에 신물이 날 즈음, 친구가 꺼내준 말도 안 되는 나의 유아어들은 나에게 몽환적인 행복을 선물해준다.

몽환적인 행복, 그것은 참 신비로운 꿈이다. 시간여행이 자유로운 꿈이다. 옛날과 지금의 분별이 없는 시간여행. 그 여행 중

〈나무에 대한 기억〉 175/700×275mm, 종이에 아크릴, 2009.

에는 미래도 살짝 끼어든다. 길고 짧음을 제대로 느낄 수 없는 시간여행. 수십 년이 흘렀는데 겨우 한 순간이 지났을 뿐인 그런 시간여행의 꿈이다.

꿈을 꾸는 동안 친구는 싱싱한 수액을 내게 수혈해주고 나는 새로운 사람으로 깨어난다. 덕지덕지 낀 세상의 때가 벗어진 몸, 무겁게 달고 다니던 욕심 보따리를 내려놓은 가벼움, 새로운 꿈을 꿀 수 있는 희망, 그렇게 나는 다시 태어난다. 내 친구 나무의 도움으로.

봄 앓이

옛날 우리 시골집엔 나무가 많았었다. 왠지 모르지만 앵두나무는 우물가에 있었고, 복숭아나무, 고염나무(이것은 나중에 오빠가 감나무로 접붙여서 감나무가 됐다), 살구나무, 사철나무, 라일락 그리고 몇 가지 나무가 더 있었다. 사철나무는 동백나무 잎사귀와 같이 두꺼운 진록색의 갸름한 잎이 겨울에도 청청하게 빛나고 늦가을부터는 빨간 열매가 맺힌다. 졸업식 때 꽃다발을 만들 때 꼭 필요한 나무다. 그 시절엔 졸업 무렵에 생화를 구한다는 게 어려운 일이었고, 이 사철나무 가지를 바탕으로 하여 물들인 습자지로 만든 조화를 몇 송이 엮어서 꽃다발을 만들곤 했다. 한겨울에 그 푸른 나뭇잎에 빨갛게 매달린 열매가 어찌나 고왔던지!

살구나무에 열린 살구를 매일 바라보면서 열매가 빨리 익기를 얼마나 기다렸던가. 제대로 익은 살구보다는 풋살구를 먹은 숫자가 더 많으리라. 고염은 첫서리가 내리면 죄다 훑어서 항아리 속에 차곡차곡 넣어두고 겨우내 숟가락으로 퍼먹었다.

이제 잊을 수 없는 라일락의 추억을 안 쓸 수가 없다. 4월이면 라일락이 피는데 보라색과 흰색의 두 그루 나무가 있었다. 라일락은 꽃모양보다는 그 향기가 더 매력적이다. 그 당시 우리들은 들꽃을 엮은 꽃다발을 잘 만들었었는데, 가을이 되어서 국화라도 흔하게 피면 그 국화꽃 다발이 또 있었고, 봄철엔 단연 우리 집의 라일락이 으뜸이었다. 장미꽃 다발은 그렇게 흔한 것이 아니었다. 사철나무 잎사귀에 종이꽃 몇 송이만 어울려도 훌륭한 꽃다발이 되던 시절이니, 향기가 그윽한 라일락 가지를 꺾어서 만든 꽃다발은 황홀한 지경이었다. 지금은 뜰이 조금이라도 있는 집이면 목련이 없는 집이 없지만 그땐 목련도 흔치 않았다. 봄철엔 우리 집 라일락을 따라갈 꽃이 없었다. 더구나 보라색은 흰색보다 더 낭만적인 느낌이었다.

그 집을 떠나온 지가 벌써 몇 십 년이 지나다니! 지금은 성악가가 된 선배언니가 무슨 행사 때마다 강당에서 부르던 "아, 세월은 잘 간다. 아이 아이 아이(아 야 야)~" 노래가 생각난다. 그 언니는 두 손을 모아 가슴 높이로 올려놓고 약간 턱을 치켜든 모양으로 그 노래를 참 잘 불렀다. 그땐 소풍이나 가야 유행가를 불렀지 우리가 모여서 노래라도 부르고 놀 때는 단골 레퍼토리가 〈그 집 앞〉 〈아, 목동아〉 〈바위고개〉나 "울 밑에 선 봉숭아야" "목련꽃 그늘 아래서 베르테르의 편질 읽노라 ~" "내 놀던 옛동산에 오늘 와 다시보니 ~" "나 그대에게 바치려하는 이 한 노래를 ~" 같은 것들을 불렀다. 제목을 잘 몰라 가사를 그냥 썼다. 우리는 〈그 집 앞〉을 '그지밥(거지밥)'이라고 장난을 했었다. 지금 아이들이 들으면 얼마나 비웃을까만 그때는 그것도 장난이라고 하며 놀았다. 봉숭아가 맞네 봉선화가 맞네 해가면서 따지고. 오빠는 최무룡이 부른 〈외나무 다리〉라는 노래를 부르기도 했는데, 그런 노래를 부른다고 어른들에게 많이 혼났다.

내가 라일락을 꺾어다준 친구들을 생각해본다. 유감스럽게도 그 대상이 모두 여자친구다. 향기로 치면 우리 집 뒤 언덕에 있는 성당의 아카시아나무를 빼놓을 수 없다. 라일락이 4월을 넘기며 시들해지면 5월 중순께부터는 아카시아가 온 동네를 장악한다. 나는 섬세한 사춘기 여학생이라서 그렇다치고, 강한 남자인 우리 오빠까지도 아카시아 향기에 취해 시인이 되곤 했다. 지금 우리 남매는 시인이 아니지만, 그 시대엔 시를 썼다. 지금 생각하면 피식 웃음이 나오는 시. 그냥 보통으로 하는 말을 띄엄띄엄 행을 바꿔서 써놓고 우리는 그게 시詩라고 우겨댔다. 단어 끝의 서술하는 부분은 뚝 잘라서 버리고 댕강 단어만 던져놓고 그게 시라고 우겨댔다.

지금 내가 이 얘기를 꺼내면 우리 애들이 말도 안 된다고 길길이 뛰지만, 사실인 걸 어쩌나?

쥐 잡는 날이 정해져 있었다. 학교에 쥐꼬리를 잘라다 내야만

〈**봄 앓이**〉 155×220mm, 32쪽, 2008.

했다. 숫자도 정해져 있었는데 그건 잊어버렸다. 하여튼 우리는 무 꼬리에 재를 묻혀서 숫자를 채워내고, 오징어 다리의 빨판을 훑은 후 재를 묻혀서 내고 그랬다(이건 라일락의 추억에서 너무 품위가 떨어지는 얘기). 지금은 라일락이 필 계절이 아니다. 아직은 좀 이르다. 그러나 오늘 이 글을 이렇게 속성으로 써대는 것은, 어젯밤 꿈에 라일락을 봤기 때문이다. 라일락이 활짝 피어있는데 냄새는 맡을 수 없었다. 깨고 나니 어찌나 안타까운지.

우리 애들은 저희들이 앞으로 어떻게 하겠다는 계획만 얘기한다. 나는 그전에 내가 어떻게 했었다는 얘기만 늘어놓는다. 그 중간에 건널 수 없는 세월의 강이 도도히 흐르고 있다.

생각의 꼬리잡기 놀이

화창한 날이다. 마당 구석구석에 핀 꽃들이 모처럼 제 색깔로 빛난다. 곱게 빛나는 진주홍색의 튤립이 유난히 시선을 끈다. 어제도 그 자리에 있었던 꽃이 오늘 특별히 빛남은 웬일일까. 꽃보다는 색깔에 마음이 머문다. 색깔이라, 빛깔이라…….

색깔은 수동적인 운명을 지녔다. 제가 지닌 색깔을 자기 마음대로 표현할 수 없는 수동적인 운명. 누군가가 비춰줘야만 나타날 수 있는 슬픔. 마당의 튤립은 어제보다 한결 진한 색깔로 빛나고 있다. 화창한 날씨 때문이리라. 정원을 서성거리다가 나는 예기치 않았던 복병, 색깔에 붙들려 이리저리 끌려 다니며 미로를 헤맨다. 색깔은 원래 무슨 색깔일까, 이런 말은 궤변이려나? 색깔은 도대체 원래의 제 빛이 어떤 것일까? 달빛이 비추인 색깔, 햇빛이 비추인 색깔, 형광등이 비추인 색깔, 백열등이 비추인 색깔……. 어느 것이 제 색깔일까? 꽃은 우중충한 어제보다 햇빛이 화려한 오늘 더 크게 벌어졌다. 함초롬하던 송이가 부끄럼 없이 활짝 벌어져 오히려 바깥쪽으로 꽃잎이 젖혀지기까지 했다. 초등학교 수업의 기억을 더듬어보면, 더 넓어지고 커졌으니 색깔은 약간 더 흐려져야 한다. 그러나 어제 주황색이던 꽃이 오늘은 진주홍색으로 선명해졌다. 빛 때문이리라. 우리 가까이 바짝 다가온 햇빛 때문이리라.

그럼 원래의 색깔은 무슨 빛이었을까? 구름이 바로 머리 위에서 짓누르면 그 협박에 숨죽이고, 햇빛이 따사롭게 보듬어주면 그 사랑에 기고만장하여 뽐내고. 그럼 원래의 색깔은 무슨 빛이었을까. 색깔에 사로잡혀 출구없는 미로를 헤매노라 한나절이 그냥 지나갔다. 아무 일도 하지 않은 채. 생각하는 것이 일이 아니라면 아무 일도 하지 않은 채 한나절을 보낸 것이다. 생각하는 것도 일이라면 한나절 동안에 너무너무 많은 일을 한 것이다.

나는 어렸을 때부터 지금까지도 게으르고 느리다고 어머니께 혼나고 산다. 혼나는 것은 어릴 때나 지금이나 싫지만 게으른 건 사실이기 때문에 억울할 것도 없다. 내가 아이일 때는 이런 생각을 했었다. 어른들은 왜 몸을 움직이지 않고 가만히 있으면 게으르다고 야단을 할까? 나는 일손을 놓고 아무것도 하지 않으면서 가만히 있는 시간을 아주 좋아했다. 물론 지금도 그렇게 멍청히 있는 시간이 좋다. 하릴없이 논다고 혼날 때마다 나는 참 답답했다. 어른들이 팔 걷어붙이고 여럿이 달라붙어 일년 내

내 지어도 못 짓는 집을 나는 가만히 앉아서 눈 몇 번 끔벅끔벅 하면 멋지게 지을 수 있는데, 버스를 타고 차멀미 때문에 토하면서 다섯 시간을 가야 갈 수 있는 서울을 나는 잠시 눈만 감고 있어도 삽시간에 갈 수 있는데, 빨리빨리 크라고 밥 많이 먹이고 키워도 억지로 건널 수 없는 나이를 나는 아무 일도 하지 않고 가만히 앉아서 그 나이를 훌쩍 뛰어넘어 어른이 되어 선생님도 되고 그러는데……. 나는 늘 게으른 천덕꾸러기였다. 그래서 나는 생각했었다. 내가 어른이 되면 그때, 우리 아이들은 일 않고 가만히 앉아서 생각만 하고 있어도 게으르다고 혼내지 않겠다고. 빨래를 하고, 청소를 하고, 설겆이를 하고, 그런 일을 하지 않아도 '생각하고 있는 것'도 아주 큰일이라는 것을 인정해 주겠다고 단단히 결심을 했다.

이제 어른이 되었다. 일 안하고 생각하며 가만히 있는 아이들을 이해해줄 수 있는 어른이 되었다. 그런데 우리 아이들은 가만히 있지를 않는다. 끊임없이 바스락대며 무언가를 한다. 눈과 귀, 손과 발을 잠시도 가만히 놔두질 않고 움직인다. 한꺼번에 몇 가지 일을 동시에 부지런히 하고 있다. 책을 읽으며 음악을 듣고, 컴퓨터를 하며 TV를 보고, 설겆이를 하며 노래를 부르고, 빨래를 돌리며 전화를 하고, 이런 식으로 잠시도 가만 있는 걸 볼 수가 없다. 다 이해해줄 수 있는데. 저희들이 아무것도 안하고 가만히 있어도, 그게 일 안하고 게으른 것이 아니고, 무언가 생각하고 있는 중일 거라고 다 이해하려고 작정을 했는데…….

우리 애들은 끊임없이 바스락대고, 잠시도 가만히 생각에 잠기는 일이 없으니 걱정이다. 지금 나는 우리 어머니가 하던 걱정하고는 반대되는 걱정을 하고 있는 중이다. 옛날, 우리 어머니는 내가 안 움직이고 생각만 하고 있다고 걱정하셨는데, 그래서 나는 그것이 억울해서 나중에 내 아이들이 생각만 하고 일 안 해도 야단 안 치려고 다짐하며 살았는데, 지금도 나는 몸 안 움직인다고, 게으르다고 어머니께 혼나고, 애들은 내가 게으름을 용서해 줄 겨를도 없이 부지런히 움직이고……. 우리 아이들은 마음속으로 이런 다짐을 하고 있으려나? 나는 이 담에 어른이 되면 애들이 한꺼번에 이것저것 떠벌리며 수선을 떨어도 가만히 있으라고 성화대지 않을 거야, 이런 생각.

햇빛은 지금도 황홀하게 빛난다. 꽃 색깔을 더욱 선명하게 빛내준다. 그러나 뽑아버려야 할 잡초까지도, 털어버려야 할 먼지까지도 아주 섬세하게 비춰준다. 이제 더 이상 생각의 꼬리잡기 놀이만 하고 있을 수는 없다고, 몸을 움직여야 한다고 나를 부추긴다. 애들은 생각의 꼬리 같은 건 잡으려고 쫓아다니지 않는다. 굴러가는 축구공을 쫓아 벌써 저만큼 가있다. 아, 화창한 봄날!

우리가 꽃들에게 지은 죄 1

볼 것이 많아서 '봄'이라고 했다던가. 봄은 사람들의 입과 입 사이를 징검징검 건너뛰면서 손에 잡히지도 않은 채 훌쩍 여름으로 도망갈 텐데. 색깔로 오는 봄, 소리로 오는 봄, 냄새로 오는 봄, 내 마음 한 곳을 깔짝깔짝 건드리며 아는 체 해달라고 귀찮게 구는 봄이다.

그래, 나 너 봄이 오는 저 먼발치에서부터 너를 줄곧 지켜보고 있었다. 너의 걸음을 마음속으로 재촉하며 기다리기까지 했지. 그런데 잠시 잠깐 한눈을 파는 사이에, 저만큼 느릿느릿 다가오던 네가 갑자기 내 안에까지 확 들어와 버렸구나. 이젠 봄, 네가 내 안에 있는 거니? 꼭꼭 챙겨서 널 가둬 둬야겠다. 넌 언제나 그랬잖아. 손가락 사이로 빠져나가는 물처럼, 슬그머니 없어져버렸지.

아, 봄 소리가 왜 드높은지 오늘 갑자기 생각이 났다. 흘러내린 바지춤처럼 쭈그러져 그 안의 바닥까지 훤히 들여다보이는 자루, 윗목에 버티고 있던 그 절박한 봄날의 양식 자루가 안 보이기 때문이다. 봄의 통과의례, 그 헐렁한 쌀자루가 언제부터인가 우리 눈에 안 띄게 되었을까. 그래서 우리들은 겁 없이 봄노래를 부른다. 겁 없이. 대지에서 모락모락 피어오르는 김에 눈앞이 아른아른하고, 횟배 앓는 촌부의 눈앞이 현기증에 아른아른하고, 맨발로 들판을 내닫는 아이들의 눈이 노오란 꽃다지에 아른아른하고, 내 유년의 봄은 그렇게 아른아른한 모습으로 왔었다. 아지랑이라는 예쁜 이름을 붙이고 아른아른하게.

이미 계절 깊숙이 들어앉은 봄을 노래하며 샛노란 수선화가 거리 곳곳에서 활짝 웃고 있다. 개나리꽃은 진한 유화물감을 붓으로 찍은 듯하고, 수선화는 수채화 물감을 정성스레 펴 바른 듯 청초하다. 수선화가 시들어갈 무렵부터는 튤립이 핀다. 튤립이 함초롬히 오므리고 있던 꽃잎을 활짝 열어 젖힐 무렵이면 장미가 피기 시작하고……. 내 마음도 그런 순서를 밟으려나? 온 마당이 환한 꽃등을 밝히면 내 마음도 환히 피어나려나.

봄은 솜사탕처럼 부드럽고 달콤한데 나는 꽃 몇 송이를 하나씩 자세히 들여다보며 가슴이 서서히 굳어짐을 느낀다. 왜일까? 꽃은 앞다투며 피어나고 있는데, 곁으로 지나가는 봄을 내 안에 꽉 잡아두었는데, 왜 내 마음은 오히려 굳은살처럼 단단해지는 걸까? 문득 꽃이 자연스럽지 못함을 느낀 때문이다. 한 송

〈노스탤지어〉 120/300×300mm, 2011.

낡은 것에 대한 익숙함. 막연히 불어 닥치는 그리움의 바람. 그 바람에 몸을 맡기고 싶다. 바람이고 싶다. 자유로운.

이 한 송이가 너무 선명하여 디지털 화면에 클로즈업된 사진같이 느껴진다. 윤곽이 또렷한 꽃송이가 마치 실물과 똑같이 만든 인조화처럼 느껴진다.

기억을 더듬어본다. 언제부터였더라……. 반짝 종이로 턱을 받쳐준 거베라, 종이접기로 접어놓은 듯한 백합, 미소를 잃은

〈들꽃〉 330×180mm, 2010.

장미……. 그랬다. 비록 생화이지만 언제부터인가 그 생화들이 내겐 마치 조화처럼 생명을 잃고 있었다. 나도 모르는 사이에 꽃들은 틀 속에 갇힌 정물靜物이 되어있었다. 꽃잎처럼 부드러운 실크로 섬세하게 만든 조화들, 투명 플라스틱으로 물방울까지 붙여둔 생화와 똑같은 조화들을 많이 봐왔음이다. 수반 속에 갇힌 생화의 정형화된 꽃꽂이에 익숙해졌음이다. 백합, 장미, 라벤더, 민트향이 늘 생활 주변에 함께 했음이다. 온실에서 한겨울에 피는 봄꽃들, 냉장고 속에서 여름을 나고 가을부터 잎이 빨개지는 포인세티아를 예사로 보아왔음이다. 바람 한 점 없는 온실 속에서 아무런 움직임도 없이 죽은 듯 피어있는 꽃들에 익숙해졌음이다. 아, 풋풋한 풀 내음 풍기는 들판에서 바람에 나부끼는 야생화를 잊고 있었음이다. 오늘 내가 생화 같은 조화에 감탄하고 조화 같은 생화에 가슴이 굳어짐은, 조화를 꾸밈에 태연하듯 생화를 함부로 함에 태연한 때문이다.

꽃은 꽃 하나로 존재할 수 없다. 바람이 꽃이 살아있음을 알려줘야 하고, 향기가 꽃이 살아있음을 알려줘야 하고, 생명은 생명끼리 통하는 이치를 풀벌레들이 알려줘야만 꽃은 내 가슴 속에도 생명의 온기를 전해줄 수 있는 것이다. 꽃은 제철 바람에 그 꽃잎이 나부낄 때 우리의 단단한 가슴을 보드랍게 풀어준다. 보랏빛 아이리스, 잉크빛 패랭이꽃은 그 차가운 색으로도 우리에게 따뜻함을 전해주고, 주황색의 튤립, 샛노랑의 후리지아는 그 따뜻한 색으로도 우리에게 선선한 청량감을 전해줄 수 있다. 꽃은 정물이기를 거부한다. 바람 속에 한들거리며 벌 나비와 달콤한 밀어를 나누기를 갈망한다. 봄비에 차가워진 내 입술이 따뜻함을 그리워하듯, 꽃들도 그렇게 갈망하는 것이 있다.

꽃을 품은 봄, 봄을 품은 꽃, 꽃을 품은 내 마음, 내 마음을 품은 봄.

봄을 한 자락 끌어다 덮고 나른한 몸을 누인다.

우리가 꽃들에게 지은 죄 2

날씨가 제법 겨울답다. 바깥이 추우면 안도 춥고, 바깥이 따뜻하면 안도 덜 추운 것이 맞는 법 같은데 우리 집은 바깥이 추울 때는 안의 난방을 더 많이 하고, 바깥이 안 추울 때는 보통의 난방으로 거의 일정한 실내온도를 따뜻하게 유지하고 산다. 그 온도의 수치는 공개하기에 좀 부끄러울 정도의 높은 겨울 실내온도이다.

그래서 지금 90 노모에게 몸 녹일 전기제품을 마련해드리고 전체 온도를 낮출까 많이 생각 중이다. 그만큼 우리 집 실내온도는 내가 용납할 수 없을 만큼 높아서이다.

외출에서 돌아오면 방긋 웃는 꽃송이들이 나를 맞는다. 지금 피어있는 꽃은 활짝 핀 덴드로비움과 목을 쭈욱 내뽑고 피어난 꽃기린. 이름을 잘 모르지만 석곡 한 종류가 진분홍빛으로 피어

있다. 계화나무와 레몬트리도 그 향을 한껏 자랑한다. 계화나무는 초겨울 선선할 때 피는데 아직 조금 남아있고, 레몬은 지중해성 기후에서 일년에 다섯 번까지도 수확한다. 추위를 뚫고 돌아온 집에서 이렇게 나를 맞는 꽃들이 얼마나 고마운지. 그러나 곧 그 꽃들에게 미안한 생각이 든다.

동설목은 겨울에 피는 꽃이지만 겨울을 잘 느끼지 못하는 우리 집에서 지금 꽃을 피우지 못하고 있다. 화분에 물을 줄 때마다 꽃을 피우지 못하는 식물들에게, 철모르고 꽃을 피워낸 식물들에게, 모두에게 다 그저 미안할 뿐이다. 나는 화분 가꾸기에 마음을 많이 쏟는다. 마음을 두는 만큼 내가 식물들에게 잘 못하고 있다는 생각도 겹쳐서 들곤 한다.

때맞춰 정성껏 물을 주고, 흙이 굳은 것 같으면 작은 화분이지만 숟가락으로 흙을 뒤엎어 갈아주고, 한정된 흙 속에서 살고 있으니 필요한 대로 영양제도 주면서 키우는데 이것만으로 식물들에게 다 잘해주고 있는 것은 아니기 때문에 나는 가끔 나의 화분들, 거기서 사는 식물들에게 그저 미안한 마음이 든다.

식물은 제철에 따라 햇빛도 쬐고 비도 맞고, 추운 겨울에 떨기도 해야 건강히 자라는 것은 자연의 섭리이다. 다년생 화초들의 봄꽃은 40일 정도의 겨울잠을 자야 좋은 꽃이 핀다고 한다. 나무들은 추위가 시작되면 다음 해에도 계속 살기 위해 잎을 다 떨궈버리는데, 그 원리를 무시하고 따뜻한 겨울환경 속에서 추위도 모른 채 지내도록 하는 것, 이것이 내가 식물들에게 저지르는 만행이다.

가끔 방문객들이 오면 잎이 푸르고 싱싱한 나무나, 때 아닌 꽃이 아름다운 화분들을 보고 아주 좋아하며 잘 가꾼다고 칭찬까지 한다. 순전히 사람의 입장에서만 그런 것이다. 아열대기후에 익숙한 식물들이 아니고서는 따뜻한 아파트 실내에서 겨울을 나는 나무나 화초들은 그 따뜻한 환경이 얼마나 열악한 것인지, 사람들은 생각지 않는다. 한여름에 푸르고 싱싱한 잎을 보고 감탄하지 않더라도, 추운 겨울 실내에서 싱싱한 잎을 보면 감탄한다. 식물들의 생태환경이야 어떻든 사람의 눈을 즐겁게 해주는 것이 좋은 것이다.

이름 모를 석곡의 진분홍꽃 몇 송이는 11월 초에 개화하여 지금까지 피어있으니 참 이상한 일이다. 우리 가족은 그 꽃을 보며 이런 말장난을 한다. "얘는 자기가 생화인 걸 잊어버렸나? 정말 지가 무슨 조화인 줄 아나봐." 시들지 않는 꽃이 고맙다가도 걱정이 되고, 강한 생명력을 느끼기보다는 오히려 지지 않는 그 꽃을 불안한 마음으로 살펴보곤 한다.

레몬 열매는 콩알만큼 자랐다. 몇 개는 꽃잎이 말끔히 떨어졌고, 몇 개는 말라붙은 꽃잎이 그대로 부스스한 모습으로 붙어있는데 그냥 놔두고 보는 중이다. 처음 우리 집에 온 해에는 열매를 맺지 못했다. 다 내 잘못이다. 꽃은 많이 피었었는데, 그 향기에 우리는 얼마나 행복했었던가. 문제는 꽃이 질 무렵에 생겼다. 후줄근하게 말라가는 꽃이 지저분하여 시들기 시작한 꽃은 새싹은 소리 없이 돋아난다. 새싹이 돋을 땐 참으로 고요하지만, 꽃들이 피기 시작하면 얼마나 수선스러운지! 까르르 웃는 소리가, 쫑알쫑알 재잘대는 소리가 들리는 듯하다. 마치 합창소리 같기도 하다.

〈봄의 합창〉 110/500×215mm, 바틱종이 표지.

다 따버리고 나무를 깔끔하게 잘 정리했다. 꽃이 자연적으로 낙화할 때까지 그대로 두어야 열매가 맺는다는 것을 생각지 않고 보기 좋은 상태가 지난 것을 미리 다 제거해버린 것이다. 이 또한 얼마나 인간중심적인 사고인가. 꽃들의 생태리듬을 뚝 끊어버렸으니 얼마나 미안한 일인가. 지금 레몬나무는 말라서 지저분한 꽃이 가지 여기저기에 붙어있지만 나는 그냥 그대로 두고 본다. 내 눈에 띄지 않을 정도로 작은 열매가 그 꽃에 붙어있으리라는 기대감 때문에. 몇 개의 열매는 콩알만큼 큰 상태인데, 다 크려면 아직도 멀었는데, 레몬나무에 노란 열매가 매달려있는 모습을 미리부터 그려보곤 한다. 열매가 노랗게 익기 시작하면 나는 누군가에게 말 걸기를 할 것이다. 사진을 찍어서 보여주고, 레몬처럼 상큼한 인사말을 건네고, 레몬이 꽃피고 열매 맺고 익어가는 시간의 타래를 풀어놓아야지. 말 걸기의 시초는 레몬이 노란빛을 띠기 시작할 무렵이 핑계가 좋을 것 같으니……. 지중해성 기후에서 생육이 적합한 레몬 한 그루 화분에 심어두고 그 나무에겐 고문을 하며, 내 마음은 꿈을 꾸며 그런 시간을 보내고 있다.

머지않아 봄이 오고 꽃이 피면, 목적 없는 일에 시간을 절대로 투자하지 않는 이웃들에게도 우리 집 식물들에게서 얻는 여유를 나눠줘야겠다. "주말에 시간 있으세요? 우리 집에 와서 차 함께 마셔요." "무슨 일 있으신가요?" "아니요, 아무 일도 없어요. 그냥…… 꽃이 피어서."

꽃들은 꽃잎을 열고, 나는 마음을 열고 입을 열고 대문을 활짝 열어두는 봄이 되면 좋겠다. 그것이 나의 화분들에게, 나의 식물들에게 조금이나마 미안한 마음을 씻는 일이 될 것 같다.

계절을 잊고 혹사당하는 철모르는 우리 집 화분들, 겨울이나 봄이나 사람에 의해 갖추어진 기온은 똑같지만 해바라기하는 시간이 달라지고, 창을 통해 들어오는 볕이 달라지니 그들도 봄을 느낄 것이다. 인공의 조건이 감당할 수 없는 부분을 감지하는 그들의 생체시계는 세포에 새겨져 있어 때가 될 때마다 신호를 보내줄 것이다.

오늘, 우리 집 식물들은 '입춘'이라는 메시지를 다 받은 것일까?

2012년 입춘절기를 보내며

못난 여자의 변辯

도련님, 서방님, 아가씨. 이건 집에서 부리는 종들이 주인댁 자제들에게 썼던 호칭이었다. 며느리는 시집 식구들을 그 호칭으로 부른다. 우리나라 여자들이 결혼 후에도 자기의 성을 지니고 있는 것이, 성까지 바꾸는 서양 여자들보다 여권이 앞선 거라고 말할 수 있을까? 나는 겉으론 서양 사람들에게 그렇게 설명하고 다니지만, 내 속에선 '아니올시다'라고 쓴웃음을 짓는다. 서양에선 결혼하면 성을 함께 쓰는 동등함이 보장되고, 우리는 며느리에게 자기네 성을 함께 쓸 수 있도록 절대로 허가해주지 않는 것이다. 종들이 쓰는 호칭을 쓰는 여자가 감히 어떻게 주인댁 성씨를 넘보나?

나는 반세기를 살아왔다. 너무 거창한가. 그 반세기 동안 내가 '여자'임을 의식하며 산 세월은 얼마나 될까?

10대 이전, 전쟁이 끝난 후 폐허가 된 잿더미 속에서 어른들이 '먹는 입' 말고는 딴 생각할 겨를이 전혀 없던 암울한 시절, 다행히 고아가 되지 않은 특권(?)을 누리며, 갈고리손을 하고 목발을 짚고 다니는 상이군인 아저씨들을 무서워하며 보냈다. 아마, 우리나라 여자들은 이 시기부터 생활전선에 남자나 다름없이 본격적으로 뛰어든 게 아닌가 싶다. 물론 아주 옛날부터도 잡일이나 농삿일로 가족을 부양하기는 했었지만. 그때 나는 〈청년 리승만〉이라는 영화(남자)를 보기도 했지만 〈유관순 누나〉라는 영화(여자)도 봤다.

10대, 대학생 오빠들이 길거리에 나가 피를 흘리며 싸우는 것에 나는 다시 6·25가 터진 줄 알았다. 4·19였다. 서울역 앞과 갈월동에서 탱크가 서있는 것을 보기도 했다. 중학교 입학시험에 '혁명공약'을 외우는 것이 면접시험이라고 그걸 딸딸 외웠다. 한 울타리 안에서 학교를 다니던 사범대학 오빠, 언니들이 툭하면 삼삼오오 모여 나라 걱정을 했다. 남녀공학에서 중고등학교 시절을 보낸 나는 남자와 여자가 뭐 특별히 다른지 잘 모르고 지냈다. 아무도 내게 '여자'이기를 강요하지 않았고, 사범대학의 학생들은 여자도 많았다. 적어도 배우는 것에 있어서만은 남자, 여자의 차별을 몰랐다. 그러나 여자들은 아무 학과든 다 들어가는데 남자들은 가정학과, 유아교육과, 간호학과에 들어가지 않았다.

20대, 장충체육관에서 대통령이 뽑히고(?), 위수령이 내려진

교문 밖에서 내 애인은 전사가 되어 투쟁하고, 그는 반강제로 입대하고, 우리 친구들은 투옥되고, 유신체제, 그 겨울의 춥고 캄캄하고 긴 터널을 우리들은 온몸으로 부딪치며 건너왔다. 여자는 이걸 외치고, 남자는 저걸 외치는 시대가 아니었다. 여자도 남자도 구분 없이 한목소리로 '민주' '자유' '정의' 이런 걸 외치고 거기에 목숨을 걸었다. 지금 20대인 딸이 내게 "엄마는 20대 때 여권운동 안하고 뭐했냐?"고 묻는다면 나는 분명히 대답하리라. "엄마는 그때 감옥에 갇힌 남자들을 위해 밥을 했고, 그 남자들을 위해 눈물을 흘렸다"고. 툭하면 파출소에 끌려가고, 빛이 있으나 없으나 그림자가 늘 뒤따르는 이상한 나라를 피해 어디로든 도망가고 싶었다. 내 애인이 감옥 대신 군대를 택하기를 애원하던 나는 얼마나 비겁했던가. 왜 다시 눈물이 흐르는 걸까. 가끔은 살도 찢기고 가끔은 가슴도 갈갈이 찢기며 나의 20대는 피비린내를 풍기며 흘러갔다. '여권'이 뭐에 필요하며 '남녀평등'이 인간의 평등보다 뭐 그리 중요하다고 외칠 수 있었단 말인가!

30대, 그 문턱을 넘으며 '아, 정말 봄이 왔구나!' 희망이었다. 그러나 세상은 내 30대의 문을 그렇게 아름답게 열어주지 않았다. 그때 봄이 왔었던가? 그 봄에 땅은 사람들의 피로 붉게 물들었다. 세상을 향해 겨우 첫발을 내디딘 내 남편은 다시 암흑 속을 더듬어야 했다. 이번엔 나라를 위해서가 아니라 가정을 위한 산업전선의 투사가 되어야 했다. 나는 그 투사에게 따뜻한

〈못난 여자의 변辯〉 70×70×78mm, 박스, 2011.

밥을 먹이며, 세 아이를 품에 안은 주부가 되어있었다. 딸, 아들, 아들, 이렇게 셋은 내게 다 똑같은 자식이었다. 딸은 여자, 아들은 남자, 이런 개념은 없었다. 내 남편은 남자라는 이름을 걸고 우리를 부양하지 않았다. 나는 여자라는 이름을 걸고 밥을 하진 않았다. 돈 버는 일은 그에게, 아이 낳고 젖먹이는 일은 나에게 잘 맞는 일이었다. 나는 전업주부로서 30대 전반을, 취업주부로서 그 후반을 보냈다.

40대, 아이들은 쑥쑥 커나갔다. 사춘기에 접어든 아이들에겐 학교에서 뿐 아니라 집에 와서도 재잘재잘 할 얘깃거리가 많았고 그걸 들어줄 사람이 필요했다. 나는 직장에서 다시 가정으로 돌아왔다. 식모, 가정교사, 친구, 언니, 누나, 사설비서, 이 모든 역할을 한 몸으로 다 때워보고자 나는 '아내 전문직' '엄마 전문직'에 도전했다. 두 가지의 전문직 역할을 충실히 해낸 나의 40대였다. 그 시기에 나는 가끔 '여권'을 부르짖는, 아니 엄밀히 말하자면 '권리'가 아니라 '평등'을 부르짖는 여자가 되기도 했다. 고등학생인 내 딸에게 1000원, 국민학생인 내 아들에게 20,000원을 주는 시어머니에게 항거해야 했다. 가족들이 모이면 술 마시고 노닥거리는 남자들, 술상 차리느라 동동거리는 여자들의 차이가 너무 억울해서 혁명을 시도했다. 그래서 나의 40대 후반은 편안했다. 장정인 우리 아들들이 설거지를 하는 동안 우리 다섯 동서 여자들은 차를 마시고 과일을 먹을 수 있게 되었다(만약 내 아들이 아니고 동서네 아들이라면 내가 나서서 이렇게 시키지 못했을지도 모른다).

50대의 문이 열렸다. 어찌될까? 내가 딸에게 아들보다 덜 해준 것은 없다. 집안일은 오히려 아들들이 더 많이 했다. 더 힘이 세니까. 내가 남편에게 치어서 내 권리를 빼앗긴 적도 없다(의식 없는 여자로서 남자에게 권리 주장할 필요조차 인식하지 못하고 주저앉아 있었던 건지도 모른다). 누가 할 것이냐 따질 것도 없이 서로에게 더 적합한 일을 나눠서 하고 있을 뿐이다.

시어머니와 친정어머니에 대한 대우도 다를 게 없다. 피붙이라고 친정에 더 마음 쓰고, 남이라고 시집에 마음 덜 쓴 것도 없다. 우리 막내아들은 남자로서의 기득권을 전혀 못 느낀다. 병역문제에 직면한 그 애는 오히려 피해의식이 있다. 자기 군대 갔다 오는 동안 같이 출발한 여자애들이 먼저 박사학위 딸 거라고 초조해하고 안달을 한다. '남녀 평등'을 주장한다. 남자들의 군복무 기간을 여자들과 함께 반씩 나누자고 떠들어댄다. 군대 일 중에 여자의 신체로도 감당할 수 있는 많은 부분은 여자가 맡고, 육체적으로 남자에게 더 맞는 일은 남자가 맡아서 하면 될 거 아니냐고. 그래서 공평하게 남녀 모두 의무를 하자고. 그러면 내 딸은 맞장구를 친다. 그렇게 해도 좋을 거라고. 우선 의무부터 동등하게 나누면 부수적으로 권리도 동등하게 나눌 수 있게 되려는지……. 우리 아들 딸이 그렇게 주거니 받거니 떠들 때, 나는 정말 비겁하다. 거기 끼어들어서 뭐라고 말해야 좋을지를 모르겠다. 아들 말이 옳은 것도 같고, 그러나 50년 동안 부지불식간에 '여자'의 물이 흠뻑 들었을 내가 아들 말이 옳다고 손을 들어주지는 못하니 말이다.

세상은 바뀔 것이다. 아주 조금씩 바뀌어왔다. '민주주의'를 위해 자신의 삶을 내던진-아니, 그것이 자신의 삶이겠지-사람들이 있는가 하면, 그 때문에 교통체증이 있다고 짜증내고, 빨갱이라고 몰아붙이는 사람들도 있었다(실제 빨갱이도 끼어있었겠지).

그때, 우리 사회는 전혀 바뀌지 않았다. 다만, 끊임없는 투쟁으로 오랜 시간이 지난 지금에 와서 조금, 눈에 띄지 않을 정도로 아주 조금 바뀌었을 뿐이다. 그렇게 조금 바뀌었고 계속 바뀌고 있다. 어머니의 세대가 여권을 위해 뭘 했느냐고 따지면 크게 내세울 게 없는 건 사실이다. 그러나 나는 감히 말하고 싶다. 우리 어머니들은 딸들에게 공부할 기회, 배울 기회를 아들과 동등하게 줬다고. 확실한 '여권'을 손에 쥐어주지는 못했지만, '여권'을 찾을 길을 열어주었다고. 그 길로 힘차게 나가기를 바란다고. 딸들보다 적게 배운 엄마들이 논리에 무식하고 의식이 덜 깨이고 그래서 생활에 안주하고 있었다면, 더 많이 배운 딸들이 그걸 타파해야 한다. 내 딸! 내가 쩔쩔매는 논리를 너는 완벽하게 만들 수 있고, 내가 엉거주춤 주저앉은 여자의 자리에서 너는 확실한 네 자리를 확보할 수 있어야 한다.(2001. 11. 18)

지나온 세월 동안 나와 다른 사람들에게 그들이 나와 맞지 않음을 불평했고, 그들의 변화를(나와 같이 생각하는) 기다렸고, 그들을 바꿔보려고 많이 애썼다. 환갑이 지나면서 나에게 작은 변화(어쩌면 놀라운 변화일지도)가 찾아왔다. "내가 변하면 되지, 왜 상대방이 내게 맞춰서 변하기를 기대했었을까, 참 어리석은 짓이었구나." 이런 생각을 하게 되었고, 가능하면 내가 상대방에게 맞추도록 조금씩 아주 조금씩 변화하고 있다.(2012.4.14)

아들의 결혼

아들이 결혼을 했다. 한 편의 동화같이 아름다운 결혼식이었다는 말을 들었다. 마치 동화 속 나라에 들어갔다 나온 것 같다고도 했다. 참 평화롭고 행복한 분위기였다고 모두들 흐뭇해했다. 잘 갖춰진 전문 웨딩홀보다는 불편한 점도 많았을 텐데 하객들은 장소의 소박함과 시간의 여유에서 느껴지는 편안하고 화기애애한 분위기가 좋았던 모양이다. 주례자(목사님)에 대한 칭송도 많았다. 신랑신부를 정말 사랑하는 마음, 축복해주는 마음이 하객들에게 느껴졌다고 한다.

30여 명의 가족들이 우리 집에 모여 모든 시름을 다 내려놓고 즐거운 시간을 보냈다. 기분 좋은 웃음소리가 그치지 않는 떠들썩한 시간을 보내고 엘리베이터를 몇 번에 나눠 타고 내려간 우리 가족들이 현관에 나오는 모습은 마치 무슨 세미나가 끝나고 한꺼번에 쏟아져 나오는 사람처럼 많았다. 아파트의 넓은 로비가 꽉 찼다. 툭하면 몰려들던 가족들이 언제나 한결같이 기쁘고 반가운 손님은 아니었는데, 허리가 끊어지게 아파서, 생활비를 한꺼번에 확 축나게 해서 때로는 밉고 짜증이 나기도 했던 가족모임이었을 때도 있었는데, 우리 아들의 결혼을 그렇게 진심으로 기뻐하고 축하하는 가족들이 참으로 고마웠다. 진정한 사랑이 저절로 느껴지는, 마음과 마음이 이어지는 가족애를 확인하게 되었다.

한밤중에 느닷없이 남편의 후배가 들이닥쳤다. 남편의 대학시절 서클 '민족이념 연구회' 후배였다. 결혼식이 참 아름답게 잘 치러졌다는 이야기 끝에 그가 꼭 하고 싶은 이야기를 쏟아냈다. 그가 결혼식 중에 두 번 눈물을 흘렸다는 이야기. "여민이 이놈! 그렇게 훌륭하게 교육받고 잘 커서 뭐, 인생의 목표가 제 아내를 행복하게 해주는 것이라고?" 그는 버럭 소리를 지르고 방안에서 주무시던 어머님이 깨어서 쫓아 나오시기도 했다.

남편은 편안하게 웃으며 대꾸했다. "그래 난 좋던데, 왜 그러나. 아내를 행복하게 한다는 소박한 꿈이 얼마나 예쁘고 좋은가." 그는 거듭 열을 냈다. "형님이 저를 어떻게 키웠는데, 얼마나 훌륭하게 교육을 시켰는데 그래 사내자식이 제 계집 하나 행복하게 해주겠다는 게 인생의 목표라니, 형님, 나는 정말 눈물이 나왔어요. 눈물을 흘렸다고요. 그리고 다시 다짐했습니다. 내 아들은 절대로 그렇게 놔두지 않는다고." 그는 돌아갔고 우리는 다시 그 말에 대한 언급 없이 밤을 보냈다.

그랬다. 우리의 결혼식 때 그들이 해준 결혼기념패에는 '자유, 정의, 진리'가 새겨져 있었다. 결혼 전, 물불 가릴 줄 모르고 아무 때나 몸을 던질 기세이던 그이를 붙잡아 두기 위해 내가 늘 그를 꼬드긴 말은 "사람은 잘 죽기 위해서 산다. 죽는 것은 아주 쉬운 일이지만 잘 죽는 일은 어렵다", 이런 말이었다. 나는 그렇게 속셈 다른 비겁한 말로 날뛰는 그를 붙잡아 두었고, 감옥에 갈까봐 군대로 쫓아 보냈다. 우린 그런 시대의 강을 힘겹게 건너왔다. 격랑의 세월이었다. 용감하기도 했고 비겁하기도 했던 젊은 날들! 남자친구를 평범하고 안정된 삶의 자리에 붙잡아 두려고 갖은 비겁한 말을 다 동원하였던 나였다. 우리 결혼기념패의 '자유, 정의, 진리'에서 우리가 자식들에게 내린 가훈은 '사랑, 정의, 진리'로 바뀌었다. 시대는 바뀌었고, 우리 아들들은 '민족'이니 '이념'이니 이런 말에 관심 없이 살고 있다. 그것이 자신의 여자보다 더 중요한지 아닌지 갈등할 필요도 없이 살고 있다. 한밤중의 불청객인 그의 눈물. 그의 머리에도 흰 서리가 앉아있는 건 우리와 마찬가지인데 그는 아직도 푸르다. 그의 그 푸르른 젊음이 부럽다.

어쨌든 나는 아들이 아내의 행복을 위해 살기를 바란다. 우리 아들이 지하철 선로에 떨어진 사람을 구하기 위해, 물에 빠진 사람을 구하기 위해 본능적으로 갑자기 뛰어들 사람인 것은 믿

〈웨딩 패키지〉
310×255mm. 앨범. 코덱스노트. 사진 프레임

지만, 얼어 죽을 것 같은 노숙자에게 자신의 새 코트를 벗어줄 사람인 것은 믿지만, 평소엔 그냥 가정의 작은 행복을 지키는 평범한 가장이기를 바란다. 이렇게 나는 남편에게도 아들에게도 그저 비겁한 여자가 되고 만다. 이것밖에 안 되는 내 자신이 부끄럽기도 하지만 그래도 이제 갓 시집온 며느리에게 생활지침은 몇 마디 내려주고 싶다.

네가 가진 것을 남에게 나누어야 한다는 말보다는 한결 쉬운 지침이다. 누가 너에게 무엇을 줄 때면 항상 말하거라. 저는 안 받아도 괜찮아요. 필요한 다른 사람에게 주세요. 이렇게 말하거라. 이 말 한마디가 남편과 너를 빛나게 할 것이다. 여자가 이 말 한마디를 하지 못해서 청렴한 남편에게 누가 되는 경우가 참 많단다. 내 경험에 의하면, 가진 것을 내놓는 것보다는 받지 않는 것이 훨씬 더 쉽단다. 일단 내 것이 되면 내놓기가 쉽지 않거든. 네 남편도 조금씩 나이가 들면서 회사에서 윗사람이 될 텐데, 회사 관계로 들어오는 선물은 우선 아랫사람들에게 먼저 나눈 다음에 남으면 네 몫으로 여겨야 한다. 네가 무심코 받는 작은 선물 하나가 남편의 사회생활에 누가 될 수도 있다는 것을 잊지 말거라. 사는 것 별 거 아니란다. 이렇게 하면 살기가 좀 수월하고 쉽다. 내가 남보다 좀 더 불편한 것 감수하고, 약간 손해나는 것 감수하고, 좀 더 노동하는 것 감수하면 인생은 살 만한 것이다.

아들은 지금 신혼여행 중이다. 나는 어른이 될 준비가 되었는가? 어른, 어른이 되어야 할 텐데…….

식탁에서 아랫사람이 앉은 후에 수저를 드는 어른이 되어야지. 입으로 다 하지 않고 몸으로 다 하는 어른이 되어야지. 배려할 줄 아는 어른, 사랑으로 참고 기다릴 줄 아는 어른이 되어야지. 가장 어려운 점은 아들 며느리가 잘못했을 때 제대로 혼낼 수 있는 어른이 되는 것일 텐데, 품위 없이 화내지 말고, 체신 없이 신경질 내지 않고, 남에게 흉보지 않고, 단정한 자세로 묵직하게 훈계할 수 있는 어른의 자격을 갖추기 위해 나도 이제부터 바르게 살아야겠다. 이것이 이제 시어머니가 되는 나의 몫이다.

내 아들, 며느리. 세상의 온갖 축복의 말들을 다 모아 너희들에게 내려준다. 지금처럼 사랑하고 언제나 행복하여라. (2007.9.15)

한강로에서

주말 남영동에서 삼각지까지 걸어가는 밤. 몇 대인지 세지는 않았지만 남영동에서 삼각지까지 전경버스가 줄 대어 서 있었다. 현장투입 사건이 벌어진 것은 아닌 모양이다. 전경들은 음료수를 먹기도 하고 서로 장난질도 하며 닭장차 밖으로 나와 바람을 쐬고 있었다. 장난질 하는 아이들(?)을 보며 가슴이 뭉클했다. 대기 차량은 몇 대로 그치지 않고 삼각지까지 빈틈없이 주차되어 있었다. 아마도 용산참사 현장에서 있을 시위에 대비하고 있는 모양이다. 그냥 가슴 아프다는 표현으로서가 아니라 정말 육체적으로 가슴에 아릿한 통증이 느껴졌다. 저렇게 철없는 아이처럼 뛰어노는 아이들이 어떻게 방패로 사람을 내리찍고…….

불쌍한 아이들. 너희들이 왜 무력 진압의 앞잡이가 되어야 하

〈민중의 소리〉 220×265mm, 신문철, 2009.

는지 정말 가슴이 아프구나. 사이다 한 컵을 그렇게 맛있게 마시고, 여름밤 닭장차 밖으로 나와 밤바람을 쐬는 것이 그렇게 날아갈 듯이 좋은데, 또래끼리 어울려 이리 뛰고 저리 뛰며 까불고 노는 모습이 그렇게도 자유롭고 예뻐 보이는데, 어느 순간 너희들은 그 푸릇푸릇 예쁜 모습을 잃고 방패로 사람 머리를 내리찍는 폭군으로 변하는구나. 그래서 너희들은 가해자가 되는 거지. 이 시대의 아픈 피해자인 너희들에게 가해자라는 명패가 붙는다. 너희 어머니는 가슴이 미어지고 찢어지고 이 시대의 아픔을 고스란히 온몸과 마음으로 겪으며 지내는 거지. 너희들의 어머니, 네 엄마 말이다. 시위하다 죽으면 열사가 되고 전경으로 죽으면 개죽음이라는 몇 십 년 전 이야기가, 아직도 그런 이야기가 돌아다니는 시대인가…….

너희 집 목욕탕에는 오래도록 습기 없이 마른 채 꽂혀있는 네 칫솔, 네 책상 위에는 네가 보다 두고온 책들, 만화책이든 인문서적이든, 그 책들이 주인 없이 책상을 지키는데, 네 엄마는 네가 좋아하던 반찬은 일부러 피해가면서 밥상을 차리겠지. 제복 속에 갇혀있는 네가 어느 날인가 집에 오면 입으라고 멋진 티셔츠를 옷걸이에 걸어둔 채 바라보고 있겠지. 어디선가 시위가 일어났다고 하면 네 엄마는 미친 듯이 거리로 달려나가 거기 네가 있는지 살필 거야. 시위대에서 의를 위해 항쟁하던 너의 위치가 이제는 진압하는 전경의 자리로 바뀌었을 뿐, 너는 네 엄마의 귀하디 귀한 아들이잖아!

삼각지를 지나서 용산 쪽으로 계속 걸어왔다. 조금 더 걸어가면 용산참사의 현장이 있다. 이미 육신은 떠났지만 그들을 아직 떠나 보내지 못한 유가족들이 빈소를 지키고 있다. 이 또한 가슴이 미어지는 현장이다. 가슴이 찢어지는 현장이다.

지금 이 시대에 "가슴이 찢어진다"는 것은 문어적인 표현이 아니다. 물리적 현상이다. 그래서 그 찢긴 가슴을 봉합하는 방법도 문어적인 표현은 아무 소용이 없다. 물리적인 봉합수술이 필요한 것이다.(2009.6.29)

4

가을 기도

가을 기도

하나님.

지난밤 내내 스윽 스윽, 휘이익, 잠결에 들리던 바람소리는 당신이 온 세상을 새롭게 색칠하는 붓 놀림의 소리였나요?

우리가 잠든 사이, 당신은 온 세상을 타오르는 붉은빛으로, 가슴 저리는 샛노란빛으로 예쁘게 색칠해놓으셨군요.

세상살이에 찌든 저희들의 우중충한 마음을 환하게 바꿔주시려고, 당신은 지난밤 내내 온 숲을 휘젓고 다니시며 빨간색으로, 노란색으로, 갈색으로 저리도 아름답게 칠해놓으셨군요.

하나님.

당신을 만나러 가을 속으로, 가을 속으로 걸어 들어갔습니다.

천천히 들어가면 당신의 손을 잡을 수 있을 것만 같았습니다.

그리고 가을 아주 깊은 곳에서 드디어 당신을 만났습니다.

깊어가는 가을, 남녘 산촌의 한 감나무 골에서 당신을 만나고 제 가슴은 마냥 떨립니다.

감나무 골 입구에는 아담한 교회가 있었습니다. 그 교회에서 들려오는 찬양소리로 제 가슴을 마구 뒤흔들어 놓으신 하나님.

탄력 잃은 고무줄처럼 불규칙하게 늘어지는 촌로들의 찬양소리가 찬바람 때문에 꽁꽁 여민 제 가슴 깊숙이 파고들었습니다.

"내 주를 가까이 하려 함은 십자가 짐 같은 고생이나, 내 일생 소원은 늘 찬송하면서 주께로 나가기 원합니다."

수십 년 전에 돌아가신 할머님의 음성까지 섞여있는 그 찬양소리가 저의 심금을 울렸습니다. 도시민들의 세련되고 멋진 화음이 어우러진 복음성가 가락이 아닌, 눈을 감고 천국 모습을 바라보며 부르는 듯한 시골 할머니들의 엿가락처럼 늘어진 찬양소리가 제 가슴을 마구 흔들어 놓았습니다. "늘 찬송하면서 주께 더 나가기 원하는" 모습이 진정이니까요. 정말 진심이라고 느껴지니까요.

하나님, 당신은 뜻하지 않게 그렇게 불시에 예기치 못한 장소에서 제게로 찾아오십니다.

하나님.

까치밥 몇 개 매달린 감나무 아래서 당신을 만나고 제 가슴은 마냥 떨립니다.

가을걷이에서 과부와 고아를 위하여 이삭을 남기라는 하나님.

여호와 하나님의 말씀을 한 번도 접해보지 못한 우리 조상들은 까치를 위하여 감나무 열매를 남겼지요.

대한민국, 이 작은 나라, 까치밥을 남기던 우리 선조들의 마음속에, 하나님을 전혀 모르는 그분들의 마음속에도 이스라엘의 여호와 하나님은 들어가 계셨군요.

하나님.

잎을 다 떨군 감나무 아래서 쪽빛 하늘을 바라보며 갑자기 가슴이 뭉클하여 '아, 하나님!' 가슴을 칩니다.

지난 여름, 잎이 무성한 숲 속을 거닐며 숲의 우거짐에 감탄하던 제 마음은 이제 가지만 앙상하게 남은 가을의 감나무 아래서 새로운 깨달음을 얻었습니다. 잎을 다 떨구어 내어야만 눈부신 쪽빛 하늘이 비로소 시원스레 보이는군요. 잎으로 가려져 있던 하늘 구석구석이 다 드러나는군요. 눈이 멀 것만 같이 푸른 쪽빛 하늘이.

하나님.

지난 계절 내내 가을에는 탐스러운 신앙의 열매를 맺기를 기도했습니다. 달디 단 열매, 크고 먹음직스러운 열매를 맺고 싶었습니다.

그런데 하나님, 이미 마지막 잎새까지 다 떨군 감나무 아래에서 어리석은 제 자신에 가슴을 칩니다.

왜, 다 비워내게 해달라는 기도를 못했을까요? 왜, 다 떨구어내고 가벼워지게 해달라는 기도를 못했을까요? 반들반들 윤기 나는 푸른 잎들을 다 떨구어내야만 하늘을 볼 수 있다는 진리를 왜 생각지 못했을까요?

바닥에 뒹구는 낙엽을 긁어모아 나무 아래 묻어두는 촌로의 손길을 보며, 다음 해의 싱싱한 나무와 좋은 열매를 위해 부엽토를 만드는 그의 손길을 보며 기도합니다.

저를 썩어지는 낙엽이 되게 하소서! 빛나는 열매는 다른 사람의 몫으로 남겨두십시오. 울긋불긋 아름다운 단풍의 옷은 다른 사람에게 입히십시오. 저는 썩어서 거름이 되는 낙엽이 되겠습니다.

하나님.

그깟 감나무, 가을 감, 시장에 가면 흔하디 흔한 가을 열매가 제게 참 많은 깨달음을 줍니다.

감나무 중간까지 올라가 끝이 갈라진 길다란 대나무로 감을 따는 감나무 골의 어떤 청년, 그의 마음이 그대로 드러나는 예쁜 말 한 마디 들으며 저는 또 하나님을 생각합니다.

이깟 감 안 따도 그만인데, 매달린 채 삭아도 아까울 것도 없는데, 아버지가 매달린 감 쳐다볼 때마다 다 따지 못한 것을 속상해하셔서 아버지 속상해하지 말라고 이렇게 따는 거라는 그의 말이 참 아름다운 마음을 비춰주는 거울이었습니다.

〈예수 그리스도〉 190×240mm, 캔버스에 아크릴물감, 2008.

그리스도의 탄생, 십자가, 죽음에 대한 생각을 표현해보았다.
한 가지 더 있어야 할 것 같다. '부활'에 대한 그림이 빠졌기 때문이다. 부활 장면이 들어가야 그리스도에 대한 표현들이 제대로 정리가 될 것이다. 부활에 대한 상징적인 표현들은 참 많아서 별 재주 없는 나도 쉽게 그 모티브를 잡을 수 있을 것 같았다. 빈 무덤을 그릴까, 십자가 밑에 흰 백합을 그릴까 궁리하다가 그림 그리던 책상을 말끔히 치워버렸다.

그리스도의 부활은 부활을 상징하는 어떤 그림으로서가 아니라 나의 삶으로 표현되어야 한다는 생각이 뜨거운 불화살이 되어 가슴에 꽂혔기 때문이다. 여기 그리스도에 관한 세 가지 그림, 그 이후 네 번째 부활의 그림은 일상의 삶으로 표현되기를 기도한다.

그는 네 부모를 공경하라는 여호와 하나님의 계명을 모르는 사람입니다. 저는 하나님의 계명이 명시된 성경책을, 찬송가를 가까이 두고 사는 사람입니다. 그런데도 그는 하나님의 계명을 저보다 더 잘 지키는군요. 그 마음은 참으로 많이 하나님의 마음을 닮아 있군요.

감나무 열매 몇 개 얻어와 집안에 펼쳐놓았습니다. 시장에서 파는 감과 똑같은 모양입니다. 그런데 하나님, 그 감엔 늘 찬송하면서 주께 더 나가기 원하는 감나무 골 할머니들의 찬양소리가 들어있습니다.

창조주 하나님의 마음을 헤아려 까치밥 몇 개 남겨 피조물들을 먹이려는 우리 선조들의 마음이 들어있습니다.

아버지의 마음을 헤아리고 공경하는 한 젊은이의 마음이 고스란히 들어있습니다. 이 작고 작은 감 하나 속에.

그리고, 남들이 부러워하는 열매가 되기보다는, 푸석푸석 썩어져 거름이 되는 낙엽이 되겠다는 저의 기도도 들어있습니다. 잎을 다 떨구어내야만 하늘이 좀 더 많이 보인다는 덜어냄의 진리, 비움의 진리도 들어있습니다.

이제 가을은 그 끝머리에 다다라있습니다. 11월의 스산한 거리엔 마로니에 잎이 지고, 릴케는 이틀만 더 남국의 햇빛을 달라고 간구합니다. 오 헨리는 죽음을 눈앞에 둔 소녀를 위하여 마지막 잎새 하나를 매달아두고 있습니다. 칠순의 노 시인 고은은 가을엔 편지를 하겠어요, 누구라도 그대가 되어 받아주세요, 가을 편지를 씁니다. 저는 하나님께 편지를 씁니다. 바람에 흩날리는 낙엽에 실어 하늘나라로 띄워 보냅니다. 그리고 이제 저는 고요한 밤, 저만의 골방에 앉아 하나님의 답을 기다립니다.

하나님!

대재앙을 바라보며 드리는 기도

은혜가 풍성한 하나님 아버지,

하나님 전에 나와 귀한 말씀을 듣게 하시니 참으로 감사합니다. 언제나 하나님의 말씀을 사모하고, 하나님의 작은 음성에 귀 기울이는 저희가 되게 하여 주시옵소서. 들은 말씀대로 삶의 현장에서 실천하는 저희가 되게 하여 주시옵소서.

인간의 생사화복을 주관하시는 하나님 아버지.

저희에게 주시는 모든 상황에 감사드립니다.

비록 저희가 원치 않는 슬픔과 괴로움에 처할지라도 하나님의 뜻을 감사함으로 온전히 받아들이게 하여 주시옵소서.

할 일 많이 주시고 감당할 수 있는 육신의 건강 주시니 감사하고, 육신의 허약함으로 고통 중에 주님을 만나게 하심도 감사합니다.

살아 숨 쉬는 동안 서로 사랑하며 생을 영위하게 하시니 감사하고, 숨을 거두어 참 평안과 휴식을 주심도 감사합니다.

만사형통하여 기쁨 속에 하늘에 영광 돌리게 하심도 감사하고, 사방이 꽉 막힌 암담한 가운데에도 인내로 성숙한 인간이 되게 하시니 참 감사합니다.

저희에게 주시는 좋은 것이나 나쁜 것이나 모두가 다 하나님의 깊은 뜻이 있음을 헤아리며 사는 지혜를 주시옵소서.

하나님 아버지,

요즘에 세계 각처에서 일어나는 참담한 대재앙들을 보면서 충격적이고 정신이 멍해집니다. 범사에 감사하다는 저의 기도를 천재지변의 대재앙에 처한 그들은 어떻게 이해할 수 있을까요?

쓰촨성에서 지진으로 땅속에 생매장된 그들이, 미얀마에서 싸이클론으로 휩쓸려간 그들이, 생업으로 일궈온 닭과 오리들을 살처분해야 하는 우리 이웃들이, 죽음에 이르는 질병에 대한 공포에 떨고 있는 우리 국민들이, 먹을 것이 없어서 아사하는 북한의 형제들이 어떻게 범사에 감사하다는 저의 감사기도를 수긍할 수 있을까요?

그들은 오월의 신록을 아름답다고 노래할 수 없습니다. 오월의 장미가 향기롭다고 노래할 수 없습니다.

저는 이 계절이 이렇게 행복하고 감사한데, 저의 감사기도가 다만 저 개인적인 삶에 대한 감사함뿐이라면, 결코 감사할 상황이 아닌 그들에게 저는 어떤 위로를 해야 할까요? 어찌해볼 바 없어 하나님께 묻습니다.

간절히 기도 드리오니 하나님의 뜻이 있어 행하신 일과 하나님의 뜻과는 무관하게 일어나는 일을 분별할 줄 아는 큰 지혜를 주시옵소서.

또한 그 참상의 현장에 임하시어 능력의 손으로 저들의 찢긴 육신과 마비된 영혼을 어루만져 주시옵소서. 이 시간 저희 자신을, 제가 가진 것들을, 하나님이 일하시는데 필요한 도구로 내어놓기를 결단하는 귀한 시간이 되기를 간절히 기도드립니다.

저희 욕심의 창고에 첩첩이 쌓여있는 많은 물질들, 저희가 감상의 눈물을 흘리는 대신 욕심의 창고 속에 쌓아둔 물질들을 내어놓는 결단을 하게 하여주시옵소서.

하나님,

저희가 하나님 아버지를 믿듯이 하나님께서도 저희를 믿어주신다는 것을 압니다. 저희에게 맡기시면 저희가 반드시 이웃과 나눌 것을 믿고 저희에게 많은 것을 주시는 하나님, 저희에게 내리는 괴로움과 고통을 충분히 감당할 수 있으리라 믿고 사랑의 연단을 감행하시는 하나님, 저희를 믿는 하나님의 그 믿음을 저

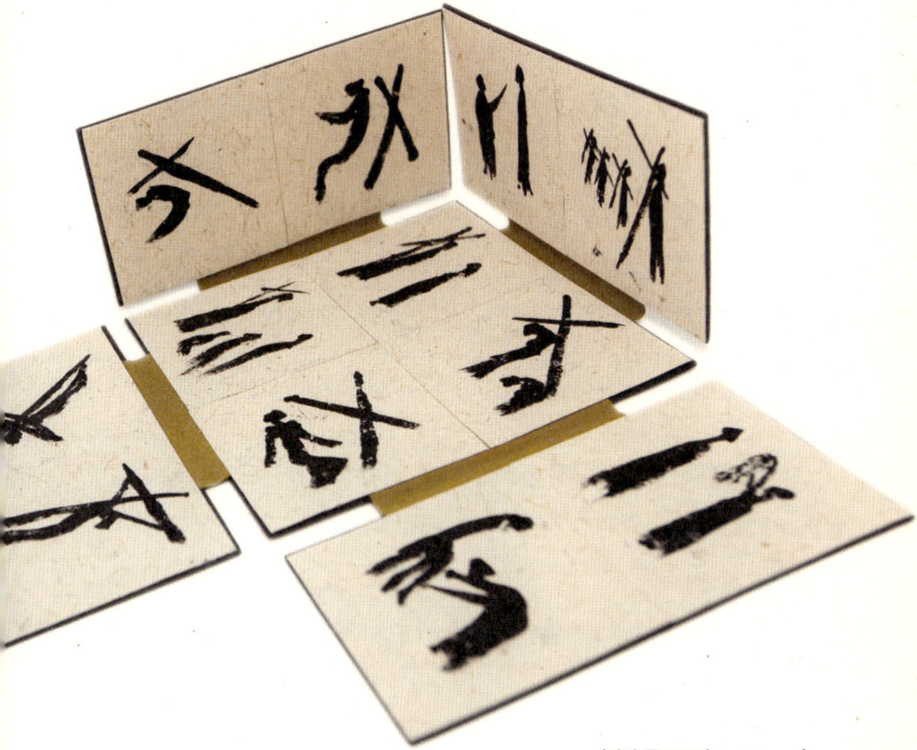

〈비아 돌로로사Via Dolorosa〉
180/365×180/365mm, 2009.

버리지 않고 살아가게 하여 주시옵소서.

또한 저희도 하나님을 전적으로 믿고 의지하며 살아가게 하여 주시옵소서.

삶의 현장에서 저희의 성숙한 신앙생활이 아름다움으로 나타나고 그에 따라 많은 이들이 저희를 따라 하나님 앞에 나올 수 있도록 신앙인으로서의 몸가짐을 갖게 하여 주시옵소서.

생명과 평화를 사랑하는 저희들이 성숙한 신앙인으로 서게 하여 주시옵소서.

모든 말씀을 사랑의 예수 그리스도 이름으로 기도 드리옵나이다. 아멘.

무지한 해석(?)

우선, 나의 글이 신학이나 종교학이나 그런 학문적 해석은 전혀 염두에 두지 않았음을 밝혀둔다. 또한 현명한 이해다, 무지한 몰이해다, 이런 식으로 읽혀지지 않기를 바라는 마음이다. 그냥, 그냥 아주 순수하게 내가 느낀 사실을 그대로 기록할 뿐이다. 어쩌면 나의 감성이랄 수도 있겠다.

주일날 성경말씀 낭독을 듣는 순간 느낀 생각들이다. 말씀은 「마태복음」 25장 1~13 열 처녀의 비유. 어리석은 처녀와 지혜로운 처녀 이야기를 들으며, 내 마음은 지금 이 세상에서 어리석은(?) 참 인간을 그리워하고 있었다. 성경의 올바른 해석과는 상관없이 말이다. 신랑을 맞으러 나온 처녀들이 등불만 들고 기름을 준비해오지 않은 미련한 일을 저질렀는데, 슬기롭게도 기름까지 준비해온 처녀들이 그 미련한 처녀들에게 너희에게 기름을 나누어주면 너희에게나 우리에게나 다 모자랄 테니 차라리 가서 기름을 사오라고 말하는 장면은 마치 매몰찬 현실을 보는 듯하다. 그들이 기름을 사러 간 사이 혼인잔치의 문이 닫혀버렸는데, 슬기로운 처녀들은 무사히 문 안으로 들어가 신랑을 맞을 수 있었다는 이야기. 기름을 준비한 지혜에 감탄하기보다는, 자기들만 쏙 들어가버린 그 처녀들에게서 느껴지는 찬바람에 나는 참 쓸쓸해진다(내가 이 시대의 아웃사이더인가…). 생각을 한번 더 해보니 마음이 아프기도 하다. 따뜻한 사람이 그립다. 약간은 어리석어 보이는 사람이 그립다. 기름이 떨어져서 혼인잔치에 들어가지 못하게 될 나머지 처녀들이 안타까워 발을 동동 구르며 자기의 기름을 나눠주는 따뜻한 마음이 그립다. 그렇게 하여 자기조차도 혼인잔치에 들어갈 수 없다 해도, 그 사리를 분별치도 않은 채 우선 기름을 나눠주고 보는 그런 어리석은 자의 모습이 보고 싶은데……. 그렇게 따뜻하고 어리석은 사람의 정이 그립다.

때를 알지 못해, 그 자리를 지키지 않고 기름을 사러 갔던 처녀들이 문 좀 열어달라고 애원하면 빙그레 웃으며 문을 열어주는 예수님의 모습도 그려본다. "얘들아, 너희들의 등불이 꺼지더라도 여기 기름을 준비해온 사람들이 있으니 그 곁에 있으면 어둠은 피할 수 있지 않겠니? 다음엔 기름을 꼭 준비해오거라." 하면서 자애로운 미소를 띠며 문을 슬쩍 밀어서 열어주는 예수님의 모습이 보인다.

오히려 기름을 준비해와 저희들만 혼인잔치에 들어간 슬기로운 처녀들에게 "이 친구들이 기름을 사러 간 사이에 문이 닫힐 수도 있으니, 그러면 이 친구들이 너희와 함께 들어가지 못할 거라는 생각은 못했구나. 이 친구들이 얼른 오지 않아서 안타까운 마음도 없었느냐?" 이렇게 꾸짖는 모습도 상상해본다. 모두가 다 나 혼자 쓰는 시나리오지만 말이다.

때를 알지 못하니 늘 깨어있으라는 비유의 의미를 풀어보고, 연구하고, 공부하고 그리고 정신이 번쩍 들어서 믿음의 두께를 더 두껍게 하기 이전에, 나는 신앙인이기 이전에, 기독교인이기 이전에, 그냥 평범한 한 인간으로 찬바람 불어오는 이 가을에 따뜻함이 그립고, 똑똑한 사람들이 판치는 이 세상에서 약간은 어리숙한 사람이 그립다. 내가 미련한 처녀일 때 앞뒤 가리지 않고 나에게 기름을 나눠주는 사람, 기름 사러 가서 오지 않는 나를 혼인잔치 문이 닫힌 후에까지도 기다리고 서있는 사람, 그런 사람이 그립다. 기름 준비도 않고 등불만 들고 나선 나에게 빙그레 웃으며 어깨에 손 얹어주시고 토닥여주며 슬며시 문 열어주시는 예수님이 그립다. 그리고 나는, 내가 갈망하는 그 분의 그런 모습과 만난다.

겨울의 문턱이라서, 경전에 무지해서, 신앙심이 얕아서, 오늘 나는 따뜻한 사람의 손길, 어리숙한 자의 선한 눈빛, 자애로운 예수님의 미소를 그리고 또 그려본다.

어떤 길을 어찌어찌 돌아, 돌고 또 돌아 끝내는 그 분과 만날 것을 믿으며 입동의 찬바람을 녹인다.

미술관과 교회

화창한 봄날이다.

시인의 말을 빌리자면 정말 "환장하게 좋은 봄날"이다. 미술관 밖의 벤치에 앉아 무르익어 가는 봄기운을 즐기고 있었다. 사람들이 삼삼오오 무리 지어 미술작품 관람을 위해 실내로 들어가고 있었다.

벤치에 앉아 눈부시게 쏟아지는 햇빛을 받으며, 몸이 녹아내리는 듯한 햇볕을 쬐며 그림에 대해, 특히 인상파 화가들의 그림에 대해 생각해봤다. 화가는 이 빛을 못 본 척 무심한 마음으로 넘기지 못해 자신의 화폭에 담았을 것이다. 그냥 지나치기엔 가슴속에 꿈틀거리는 감동이 너무 벅차서 자신의 화폭에 이 빛을 옮겨놓았을 것이다. 빛에 미친 화가는 산을 그리고, 물을 그리고, 집도 그리고, 사람도 그리고, 꽃과 나무를 그리고, 짐승도

〈바벨탑〉 3D 설치미술, 파피루스 종이, 2009.

그리고, 쏟아지는 빛 속에 드러나 보이는 모든 것들을 그림으로 그렸다. 그림을 그린 화가의 마음이 가슴에 와 닿는다. 그만큼 오늘은 우리를 사로잡을 만한 봄빛이 대기에 충만하다.

그림을 보기 위해 미술관 안으로 들어가는 관람객들을 보면서 이런저런 생각을 했다. 무엇을 보러 가는가? 이 빛을 화폭에 담고자 했던 화가의 마음을 진정으로 이해한다면, 그림을 보면서 화가와 소통할 것이 아니라, 이 빛 속에 나앉아서 화가와 교감해야 하는 것 아닌가. 화가가 그토록 화폭에 담고자 심혈을 기울였던 이 빛을 온 몸으로 느껴야 하는 것 아닌가. 사람들은 왜 자신에게 내리쬐는 빛을 외면하고 어둑한 미술관으로 들어가 그 빛을 담은 그림을 보려는 것일까.

사과나무가 꽃 봉오리를 맺기 시작하면서부터 망울이 터지고 만개할 때까지 며칠 동안이나 사과밭에 머무르면서 그린 사과나무, 그 그림을 보러 미술관에 가는 사람들에게 말하고 싶었다. 당신들은 지금 사과밭으로 가는 것이 더 좋을 것이라고. 봄기운이 도는 물 위에 떠있는 한가로운 배를 그린 그림을 보러 가는 사람들에게 말하고 싶었다. 당신들은 지금 한창 물오른 버드나무가 그 모양 그대로 물속에 담겨있는 강으로 나가는 것이 더 좋을 것이라고.

이런저런 생각을 하면서 축복처럼 내리쬐는 봄빛을 만끽했다. 어김없이 주일은 돌아오고 많은 기독교인들이 예배를 드리기 위해 교회에 간다. 지난 한 주간의 삶을 주관하신 하나님께 감사드리고, 내게 있었던 일들을 하나님께 고하고, 참회하고 용서를 빌고, 새로운 말씀을 받아 말씀에 순종하고자 다짐하고, 공동체의 형제들과 애찬을 나누고, 사랑이 충만한 마음으로 주일성수를 한다. 거룩 거룩 거룩한 주일을 보낸다. 하나님이 계신 성전에서 신령과 진정을 다해 예배를 드린다. 하나님은 분명 성전 안 거기 계신다. 사람들은 거기 계신 하나님을 만나러 교회에 간다.

지난 주에도, 지지난 주에도, 다음 주에도, 다다음 주에도 하나님을 만나러 교회에 간다.

하나님 만나러 교회에 열심히 다니는 사람들 모두는 하나님이 교회 밖에도 계시다는 것을 잘 알고 있을 것이다. 흉기에 찔려 등허리 벌건 속살 드러낸 산등성이에도 계시고, 흐를 길 막혀 제자리서 몸부림치다 썩어 들어가는 강물에도 계시고, 살붙이들이 살 비비적거리며 살던 오죽잖은 보금자리에도 계시고, 초근목피 연명하는 우리의 핏줄 동포 속에도 계시고, 코리안 드림을 안고 뼈가 으스러지게 일하는 천대받는 나그네들 속에도 계시고, 언제 어디에나 다 동시에 임재하시는 전능자라는 것 다 알고 있을 것이다. 언제나 하나님 계신 여기저기 다 외면하고 오직 곧은 길로 교회에 직행하는 모든 기독교인들, 그들도 다 알고 있을 것이다. 교회 밖에도 하나님 계시다는 것을.

미술관에 들어가는 관람객들이 화가가 사랑한 밖의 하늘을 바라보고 햇빛을 몸에 받는 일을 간과하지 말기를 바란다. 교회에 다니는 교인들이 교회 밖의 세상에서도 하나님 만나기를 기도한다. 하나님은 세상을 외면하지 않으신다. 교회는 세상을 등질 수 없다.

빛과 색깔

교회 개방과 무료 강좌에 대한 생각을 한다. 아울러 새해, 이미 한 달은 지났지만, 새해의 개인적인 각오와 다짐도 하면서 여러 가지 생각들을 한다.

푸른 어린이도서관에서 어린이 영어교실을 하고 있다. 일주일에 한 번. 성인 일본어 강좌도 있다. 아마 일 년쯤 해오고 있는 것 같다. 3개월에 15,000원이다. 그 동안 미술도 해왔고. 몇 가지 강좌가 있었는데 강사 선생님들은 모두 무상으로 자원봉사한다. 강사들의 자질은 세간에서 잘나가는 비싼 강사들보다 훨씬 더 훌륭하다. 교회에는 이렇게 받은 달란트를 나누는 봉사자들이 있고, 교회도 장소를 제공한다.

교회 세미나실은 일주간 내내 여러 기관의 각종 모임에 사용되고 있다. 여름엔 에어컨을 틀고 겨울엔 히터를 틀고, 참석자들은 화장실도 가고, 주방에서 차도 준비하여 마시니 단순한 장소의 제공만으로 끝나는 것은 아니다.

교회 개방은 마땅히 해야 할 일. 그러나, 신중해야 한다. 감당할 수 있어야 시작할 수 있다. 예를 들어서 교회 화장실을 개방한다고 하자. 그러면 좋은 교회가 될 테지만, 성도들이 다 함께 관리를 분담하지 않는다면 관리인은 혼자서 화장실 청소에 매달려야 할 것이다. 교우들이 당번을 정하여 관리인과 함께 화장실 청소를 감당한다면 화장실 개방도 할 수 있을 것이고, 앞에 나서서 "화장실을 개방하자"고 외칠 수도 있을 것이다. 그러한 것을 생각지 않고 좋은 일이라고 주장만 한다면 나는 참 좋은 의견을 내놓은 사람이 되지만, 관리인은 현재 하고 있는 일 외에 추가로 일이 하나 더 생기는 입장이 된다.

마당에 정수기를 두고 지나가는 이의 목마름을 해결해주는 일도 마찬가지다. 교회에서 영적인 갈증을 없애주는 생명수를 주는 것뿐 아니라 실제 우리가 마시는 물까지 아무에게나 공급해 주는 것이 얼마나 필요한 일인가. 그러나, 교우들이 정수기 관리, 그 주변에 어지럽혀진 것을 치우는 일, 환경에 유해한 일회용 컵 대신 사용하게 될 컵을 닦고 소독하는 일까지 다 스스로 나서서 감당할 때 이러한 봉사도 가능해지는 것이다. 그렇지 않다면 이 좋은 일의 관리는 또 관리인 한 사람의 짐을 더욱 무겁게 할 것이다.

적극적인 봉사가 아니더라도 현재 교회를 드나들며 교회 안팎

〈하늘에는 영광, 땅에는 평화〉 180/720×135/810mm, 페이퍼커팅, 2008.

에 떨어져있는 휴지 조각 하나라도 자발적으로 줍는 아주 작은 일에도 선뜻 나서는 교우들의 수는 적다. 무엇보다도 성도들의 봉사정신이 먼저 성숙돼야 한다. 앞으로는 받은 시간과 달란트의 무상 나눔과 장소 개방이 좀 더 이루어지는 방향으로 가야 함은 너무나도 당연한 일이다. 깨달음이 있는 자들의 자연스러운 실천이니까. 누구 한 사람에게 더 많은 짐을 지우지 않는다면, 여럿이 함께 기쁨과 즐거움으로 감당한다면, 새로 시작하는 일에 불편한 심기를 가진 사람들이 없다면 교회에서 해야 할 일은 정말 많다.

그러나, 새롭게 일을 시작한다는 것이 그렇게 단순하지는 않다. 교회에서 종종 물건을 판매할 때가 있지만 아직도 무인판매를 못하고 있다. 손실을 감당하고라도 시행하면 되지만 그 일로 인해서 혹시 상처가 되지 않을까 염려가 되기 때문이다. 일부러 날을 잡지는 않는다 해도 주일 점심 애찬을 노숙자들과 함께 나누는 일은 또 얼마나 좋은 일인가. 단순히 밥만 주는 것이 아니라 차림이 청결하지 못한 사람의 옆에 아무렇지도 않게 앉아서 친절하게 이야기를 나눌 성도들이 많다면 말이다. 이러한 상황을 성도들이 슬쩍슬쩍 피하게 된다면 우리는 갈등하고 상처가 될 것이다. 추운 날 교회 앞을 지나다니는 이들에게 뜨거운 차를 나누어주는 일은 그리 어렵지 않을 것 같지만 극히 적은 봉사자들에게 과중한 짐을 지우고 그것이 스트레스가 되고 봉사가 즐겁지 않게 되는 문제도 있다. 교회는 수고하고 무거운 짐 진 자들이 와서 편히 쉬는 곳이기도 하지만, 무거운 십자가를 지는 곳이기도 하다. 봉사가 과중하면 이런 생각도 난다. 나는 교회에 왜 오나? 무거운 짐을 내려놓으러 오나, 무거운 십자가를 지러 오나? 답은 너무나도 간명하다. 영적인 짐을 내려놓아 편안함과 쉼을 얻고, 육적인 십자가를 지는 것이다. 몸이 십자가를 지면 영혼은 참고요와 평안이 온다. 영혼의 무거운 짐을 내려놓으면 몸이 지고 있는 십자가의 무게는 당연히 가벼워진다. 신앙생활을 하면서 우리는 이 두 가지를 다 경험하곤 한다.

우리는 변해야 한다. 그러나, 변화는 늘 문제를 야기한다. 목적이 좋은데 수단, 과정에서의 잡음과 상처는 감수해야 한다는 의견이 있는가 하면, 안 하면 될 것을 지금까지도 그래왔는데 괜히 평지풍파를 일으킨다는 생각도 있다. 당연히 두 가지 의견이 공존하고 다 수렴하며 나가야 할 것이다. 어찌 말하면 신중하고 사려 깊어 언행에 조심하는 것이고, 어찌 말하면 말은 옳게 하면서 행동은 하지 않는 비겁함이다. 사려 깊음과 비겁함의 손등과 손바닥을 우리는 내 손에 함께 가지고 있다. 누구나 같은 손일 것이다. 손등과 손바닥이 함께 있는. 우리가 조금씩 성숙해가면서, 십자가를 질 각오도 점점 키워가면서, 기도하는 중에 무언가 알 듯 모를 듯 조금씩 변화할 것이라고 믿는다. 다른 사람이 변하기 전에 내가 먼저.

새로운 일을 시작할 때 누구 한 사람에게 더 많은 짐을 지우지 않고, 여럿이 함께 기쁨과 즐거움으로 감당하며, 관행에 얽매이지 않는, 일에 불편한 심기를 가지지 않게 될 날이 오기를 기도한다.

빛의 삼원색은 가산혼합으로서 합치면 더욱 밝은 빛이 되고, 색의 삼원색은 감산혼합이어서 합치면 더욱 어둡고 탁한 색이 된다. 우리가 색깔이라면 섞이면 섞일수록 혼탁하여지고 검은색깔을 띠게 된다. 우리 크리스천들은 색깔의 사람들이 아니라 빛의 사람들이다. 그러니 우리들이 섞이면 더욱 밝은 빛을 내게 된다. 우리 모두가 빛, 참빛이 되는 과정에 있기 때문에, 아직 완전한 빛이 되지 못했기 때문에, 색깔의 상태가 남아있기 때문에 색깔의 섞임으로 겪는 혼탁함이 있기도 하지만 늘 빛이 되기를 기도하면 점점 더 밝고 환해질 것이다. 참빛으로 되기 위해 기도한다. 여러 빛이 섞여서 더욱 밝아져 눈이 부신 참빛이 되기를 기도한다.

축구선수와 청소부

이틀째 주룩주룩 비가 내린다. 많은 사람들이 잠에서 깨어나지 않았을 이른 새벽부터 청소부는 비옷을 입고 빗자루로 거리를 쓸고 있다. 빗물이 흘러 들어가는 하수구 근처의 쓰레기들을 긁어모으는데 담배 꽁초에서부터 비닐 조각, 종잇조각……. 젖은 쓰레기들이 땅바닥에 붙어서 잘 쓸리지 않는다. 청소부는 규칙적인 빗자루질을 계속하고 있다.

어제는 아르헨티나와 우리나라의 축구경기가 있었다. 버스를 기다리는 정거장에서, 버스 속에서 종일 내리는 비 때문에 축구경기를 걱정하는 소리가 심심찮게 들려온다. 어머니도 선수들 비맞고 뛰는 게 딱하다고 걱정하신다. 나도 좀 걱정을 하긴 했었다. 빗속에서 선수들이 얼마나 고생을 많이 할까. 그러나 그 이야기가 오늘까지 이어지는 데는 발끈 화가 치민다.

〈우표 수집〉 245×310mm, 우표 보관용 바인더, 2007.

축구선수들. 다른 종목의 선수들이나 다른 직업에 종사하는 사람들을 예로 들 수도 있지만 지금은 축구선수들만 생각해본다. 연봉을 수억 원 또는 수십억 원씩 받는 그들이 두 시간 정도 빗속에서 뛰어다닌다고 뭐 그리 안타까워서 걱정일까. 그 연봉에 그만큼의 값은 해도 되지 않을까.

100만 원대의 월급을 받는 청소부가 남들 단잠이 깨지도 않은 이른 새벽에 비를 맞으며 거리에서 빗자루질을 하는 모습에는 무감각하면서, 그 청소부와 감히 비교도 할 수 없는 정도의 값을 받는 축구선수들이 한두 시간쯤 비를 맞는 것에는 가슴이 타다니.

물론 축구선수와 청소부의 몸값은 당연히 다르다. 그 수입을 올리기까지 투자한 정신적, 육체적 노력이 서로 다르고, 또한 투자한 경제적 비용도 다르다. 그들이 하는 일이 타인에게 주는 영향도 다르다.

월드컵 때의 축구선수는 지금까지 어떤 정치가도 해내지 못했던 일을 해냈다. 국민을 한 덩어리로 화합, 단결시켰고, 애국심에 불타오르게 하였으며, 새로운 에너지로 충만한 혈관이 불끈불끈 일어나는 힘을 국민에게 불어넣어 주었다. 온 국민들을 신바람 나게 했다. 온 국민을 살맛 나게 해주었다. 그런 축구선수를 사랑함은 자연스러운 일이다. 그렇게 사랑하게 된 축구선수가 빗속에 악전고투하는 모습을 보는 것은 얼마나 안타까운가. 이해할 수 있다.

그러나, 청소부가 하수도 구멍을 메우는 쓰레기를 치우지 않으면 물난리가 나서 우리는 한순간에 수재민이 되고 만다. 청소부가 축구장에 널려진 종이나 비닐 조각을 치우지 않으면 우리가 사랑하는 축구선수가 그만 쫄뜨락 미끌어지고 만다.

주룩주룩 내리는 빗속에서 묵묵히 쓰레질을 하는 청소부도, 빗속에 전력투구하는 축구선수 못지않게 안쓰럽게 보인다. 청소부가 쓸어 모아놓은 쓰레기들을 보며 마치 내가 다 버린 것 같아 청소부 보기가 민망하였다. 그가 있어서 그나마 우리는 지금 요만큼이라도 쾌적한 환경 속에서 살고 있다. 나는 축구선수도 사랑하고 청소부도 사랑하고 모두 다 사랑한다. 축구선수가 비맞고 뛰면 안스럽고, 청소부가 비 맞으며 청소하면 역시 안타깝다. 축수선수나 청소부나 모두 똑같이 내게 살맛을 제공해준다.

제사는 우상에게 절하는 것인가?

기독교인으로서 우리나라의 제사에 관한 이야기를 개인 의견대로 술술 쉽게 피력하기는 어렵다. 좀 주저하게 되는 건 사실이다. 그러나 집안의 제사는 해마다 어김없이 돌아오니 제사를 피해 다니며 해를 넘길 수도 없다. 하나님의 진정한 뜻은 분명 하나일 텐데 우리들의 해석은 여러 가지로 이게 옳다 그르다 논쟁이 그치지 않고 있다. 개인의 의견이 자기 편리한 대로의 해석일 수 있고, 교회의 가르침이 외곬으로 편협할 수도 있다.

나 개인이 제사를 어떻게 생각하는지를 이야기하고 싶다. 나의 신앙생활이 실제로 잘못되었음이 증명되거나, 잘못된 것으로 매도되거나, 그 결과에 상관없이 나는 변함없이 하나님을 믿고 있다. 지금 믿고 있는 하나님만이 나의 유일한 하나님이며, 나는 그분이 창조하셨고, 내 인생은 그분이 주관하심을 믿는다. 내 몸이 무릎 꿇고 허리 굽히며 머리 숙여서 절하는 내 조상을 단 한 번도 '하나님 외의 다른 신神'으로 생각해본 적이 없다. 돌아가신 조상님들에게 좋은 음식상을 차려놓고 절을 함으로써 그 분들의 혼이 내게 복을 주고 내 자식들의 앞길을 탄탄대로로 닦아 주신다고 꿈에서나마 단 한 번도 생각해본 적이 없다. 그 분들을 공경하는 마음이 생전이나 사후나 다름없을 뿐이다. 그리고 그 분들의 생전의 가르침이 내 앞길의 등대가 될 뿐이지, 죽은 혼이 내려와 불을 밝혀주는 것은 아니다.

다른 데서 찾을 것도 없이 우리 형제 중에도 제사 지내는 것이 우상에게 절을 하는 것이라고 여기는 사람이 있다. 제사에 참여도 잘 하지 않을 뿐더러 참여해도 절은 하지 않는다. 이것이 그 사람의 신앙인데 내가 왈가왈부할 순 없다. 그러나 이와 같이 신앙을 앞세워 제사를 거부하는 사람들에게 묻고 싶다. 일상의 모든 일들을 하나님이 하라는 대로 절대복종하며 살고 있는지? 하나님이 하라는 대로 하지 못하며, 하지 말라는 데도 거역하며 사는 생활인데 왜 유독 제사 이야기에선 하나님 이름이 우선 앞서는지? 다른 일들을 하나님 뜻대로 살지 못하니 제사 지내는 것 하나만이라도 하나님 뜻대로 하는 거라고 답할 수도 있을 것이다…….

29일은 시아버님 기일이다. 시어머님은 기독교인이 아니시고, 제사를 잘 모시기를 바라신다. 형제들이 다 모여 화기애애하게 옛 이야기를 나누면 주름 가득한 어머님은 갑자기 어린 자식들을 키우는 젊은 엄마로 되돌아가 즐거워하신다. 신혼시절의 아버님 모습을 회상하기도 하신다. 우리가 아버님 제사를 잘 지내는 모습을 보시며 어머님이 돌아가신 후에도 우리가 어머님을 생각하는 마음이 지금이나 나중에나 변함없을 거라는 짐작으로 든든해하신다. 아버님 제사에 소홀한 것같이 느끼시면 마치 어머님 자신이 자식들에게 홀대받고 있다는 느낌으로 서운해하신다. 나는 돌아가신 시아버님을 위해서가 아니라 이렇게 살아계신 시어머님을 위해서 제사를 드린다. 좋아하시니까.

내 자식들에게도 형제들 간에 우애를 나누는 모습을 보여줄 수 있고, 자신들이 가족 나무의 한 열매로서 탐스럽게 열매 맺어야겠다는 각오를 새롭게 할 기회가 되기도 한다. 우리나라의 세시풍습을, 관혼상제의 예를 익히는 것은 우리 문화에 뿌리를 둔 자식들에게 중요한 일이라고 생각한다. 나에게 제사는, 신을 믿고 섬기는 종교생활이 아니라 내가 속한 나라의 문화양식이며, 죽은 자를 위한 것이 아니라 살아 남아있는 자들을 위한 것이다.

만약에 기독교가 서양이 아닌 중동이나 동양 어느 나라에서 우리나라에 직접 전파되었다면 우리는 그 전파된 나라의 문화양식을 좇아서 종교생활을 하게 되었을 것이다. 우리가 서양에 기독교를 전파시켰다면 지금쯤 서양 사람들은 하나님 앞에 한국식의 절을 해야 한다거니 아니라거니 하면서 논쟁을 벌이고 있을지도 모른다. 각 문화에 따라 표현방식이 다르니까 말이다.

5

살림하는 여자

밀레니엄 맞이 냉장고 청소

(우리는 한글 키보드가 없습니다. 지금 이것은 독일 키보드이기 때문에 영문 키보드하고도 문자 배열이 몇 가지 다릅니다. 그런데 그냥 이렇게 한글도 쓰고 영문도 쓰고 그래요.)

밀레니엄을 하도 떠들어대니 저도 밀레니엄이라는 단어를 한번 써보고자 합니다. '밀레니엄 맞이 냉장고 비우기', 이런 해괴한 제목은 어떤가요? 마음은 다 못 비우더라도 냉장고 한 가지는 비워보려고 참 애쓰고 있습니다. 거기 내 탐욕이 가득 들어있기 때문이죠. 얼마 전부터 가능하면 식품을 사지 않고 있답니다. 있는 재료를 다 쓸 때까지 버텨볼 셈인데 그게 그렇게 쉽지가 않아요. 필요한 대로 구색을 맞춰서 재료가 남은 게 아니라 어떤 것은 또 필요한데 없고 어떤 것은 아직도 많이 남았고. 이쯤 얘기하면 부엌일을 해본 사람은 곧 이해하실 거예요.

냉장고 속에 욕심이 가득 들어있습니다. 알뜰해서, 준비성이 있어서, 음식을 버리는 것은 죄니까, 이런저런 이유로(스스로를 합리화시키며) 냉장고 속에는 온갖 잡동사니가 다 들어앉아 있습니다, 특히 냉동실에. 아무 이유 없이, 아무 변명 없이, 냉장고를 완전히 다 비울 수 있는 주부는 참 훌륭한 주부입니다. 아주 특별한 사람이에요. 물론 버려서 처분하는 것은 당연히 안 되고, 그 속의 것이 다 없어질 때까지는 장을 안 보는 것으로 버티든지, 남을 주든지, 정상적인 방법으로 냉장고를 한번 비워보세요. 그게 참 어렵답니다.

우습죠? 냉장고 하나도 못 비우면서 마음을 비워야 한다는 얘기를 논한다는 것이? 어때요? 한번 시도해보시겠습니까? '밀레니엄 맞이 냉장고 비우기.'

1999년 연말에

* 이것은 영국에서 우리 교회의 홈페이지에 올렸던 글이다.

바짓단 늘리기

우리 애들이 쑥쑥 크는 아이들은 아니지만 그래도 묵은 옷을 꺼내 입히면 바지가 약간 짧아 보인다. 한 해가 지나는 동안 눈에 띌 듯 말 듯 조금씩 크나보다.

며칠 동안 두 아이의 바지 여섯 개를 모두 수선했다. 단을 뜯은 후 딴 단을 대서 늘렸다. 단을 낸 후 다시 접어서 바느질만 하는 것이 아니라, 다른 천의 테이프를 이은 다음에 단을 손바느질로 박음질하자니 제법 공이 많이 든다. 둘레를 세 번 박음질해야 한쪽 바짓부리가 끝이 난다. 바느질에 공을 들여 얕디얕게 박으면 약 3센티미터 정도의 길이가 늘어난다.

겨울 옷이라 두꺼운 천이어서 손 박음질이 편치 않다. 그런데도 내 마음은 마냥 좋기만 하다. 내가 주부 전문직에 꽤나 심한 직업병을 가지고 있나보다. 그런 걸 절대로 세탁소에 맡기지 못한다. 아이들 바지 늘려주는 일이 그저 고맙고 마냥 감사하고 기쁘고 즐겁고 행복하다.

애들이 어렸을 때 폭이 좁은 7단짜리 서랍장이 있었다. 아이들 손 닿는 높이의 서랍을 배정해주었었다. 어느 날, 제법 자란 막내아들을 위해 서랍을 아래서 한 칸씩 올려서 옮겨주며 얼마나 가슴이 뿌듯했었던지! 바닥 쪽에 있는 서랍은 쪼그리고 앉아서 정리하기가 불편하니 내가 쓰고 아이들은 선 채로 여닫을 수 있는 높이의 것을 주었었다. 그런데 키가 자라서 그 서랍을 한 칸씩 더 올려준 것이다. "우리 애기들 서랍 더 높여줘야겠네." 하며 서랍을 바꾸니 아이들도 옆에서 바라보며 좋아하던 모습이 다시 눈에 선하다. 행복은 그렇게 아주 작은 모습으로 우리 곁에 있다.

이제 스무 살이 넘은 아들들. 바짓단을 딴 단 대서 늘려 그 자국이 선명하고 보기 흉한데도 아무 말 않고 선뜻 입고 나선다. 내가 괜히 선수치며 "얘, 그래도 짧은 것보다는 낫지? 자꾸 빨다보면 자국이 좀 덜 나게 될 거야." 하며 애들이 뭐라 말할 기회를 주지 않는데, 오히려 애들은 이게 어때서 그러냐며 아무렇지도 않게 생각한다. 그런 애들이 어쩜 그리도 예쁘고 사랑스러운지! 쑤욱 자라버린 아이를 위해 해줄 수 있는 일이 바짓단이나 늘려주면 되는 것만은 아닐 텐데…….

키가 자라듯 생각도 자라고, 그 자란 만큼의 생각을 수용할 수 있는 마음도 폭이 한껏 넓어지기를 바란다. 나 또한, 그렇게 자

〈스티치Stitch〉 240×140mm, 스티치샘플북. 2012.5.5.

라는 아이들을 따라서 뒤쳐지지 말고 함께 자라야지.

자식들과 함께 20여 년 넘는 길을 걷다보면, 언제부터인가 앞서고 뒤서는 순서가 바뀐다. 나와 아이들은 막내가 만 스무 살을 넘기면서 서로 앞뒤의 교차점을 지났다.

그래, 이제 너희들이 앞서 가거라. 너희들 발걸음 멈추어 기다리지 않도록 어미가 부지런히 뒤따라가마. 이제 내가 할 수 있는 일은 너희들 앞에서 영차영차 끌고가는 일이 아니라, 너희들 뒤에서 열심히 좇아가는 일이리라. 짧아진 바짓단을 늘려주는 어미가 뒤에 있단다. 너희들 생각이 짧고, 마음이 좁으면 어미에게

응원을 청해라. 내가 늘려주고 넓혀줄 수 있는 만큼은 손질을 해주마. 아, 바느질 솜씨를 더 익혀야겠구나, 너희들에게 도움을 줄 수 있는 어미가 되기 위해.

(이 글은 오래전에 쓴 글이고, 지금 나는 시어머니의 입장이 되어 가능하면 며느리의 역할을 침범하지 않으려고 노력하며 살고 있다.)

밥을 푸다가 별 생각을 다

한 뱃속에서 나온 애들이 어쩜 그리도 서로 다른지. 남들과 애들에 관한 얘기를 할 때 나는 자주 이런 말을 하곤 한다. "할 수만 있다면 두 애들을 한 자루 속에 넣고 골고루 잘 섞으면 좋겠어요. 그러면 아주 괜찮은 아이들이 될 텐데."

오늘 아침 밥통에서 밥을 푸다가 난데없이 엉뚱한 생각이 났다. 잡곡을 넣어 밥을 할 때 고르게 섞이도록 뒤적이거나 흔들어도 나중에 밥물을 부으면 결국은 무거운 것이 아래로, 가벼운 것은 위로 떠오르기 때문에 아주 고르게 잘 섞이는 것은 어렵다는 생각이. 그렇다. 같은 조건인 것을 흔들어서 고르게 섞을 수는 있어도, 서로 다른 조건들을 고르게 섞기는 어렵다. 한데 넣고 섞어도 결국은 무게에 따라, 크기에 따라 나뉘게 된다. 내가 아무리 애써서 아이들의 장단점을 고르게 섞어서 서로 보완시켜도, 쌀과

잡곡을 섞은 것에 밥물을 부었을 때처럼, 세상에 풀어놓으면 결국은 제 무게대로 다시 분류되어 자리가 갈라지게 될 것이다.

몇 십 억의 인구가 다 서로 비슷비슷 같고, 몇 십 억의 인구가 제각기 다 다르고, 세상은 그렇게 어우러져 있는 것이 정말 신비롭다. 여행을 다닐 때마다 갈피를 잡지 못하고 횡설수설 지껄이는 말이 있다. "세상에나, 사람 사는 모습이 어쩜 이렇게 동서고금을 막론하고 똑같을까!" 한 줄에 꿴 구슬처럼 동서고금東西古今이 한눈에 보이니 말이다. "어머나, 똑같은 사람들이 어쩜 이렇게 사는 모습이 천차만별이람!" 같은 형상을 한 우리들이 지형이나 기후에 따라 문화가 다르고, 생긴 모양도 다르니 또 놀랄 수밖에. 이렇게 상반된 두 갈래의 말을 금방금방 번갈아 되뇌이며 나는 늘 혼돈에 빠진다. 비슷하게 같으면서도 판이하게 다르고, 판이하게 다르면서도 거의 비슷한 사람들의 생김새와 그들이 사는 방법 때문에. 그 비교는 50억이 넘는 숫자나, 단 둘이나 마찬가지다.

아이들에게 묻는다. 엄마 없는 동안 집안일은 서로 잘 협조하며 했느냐고. 설거지는 큰아이가 맡아 했단다. 왜 형이 설거지하는 것을 안 도왔냐고 작은애에게 야단을 하니, 형이 자기에겐 설거지를 안 시킨단다. 큰애가 말한다. 동생이 덜렁거려서 그릇 깰까봐 안 시킨다고.

우리 두 아들은 정말 다른 모습으로 산다. 큰아이는 무진장 구두쇠로 돈을 아끼고, 그 아낀 돈으로 한 달에 한 번 정도는 제대로 된 고급 레스토랑에서 와인까지 마셔가며 멋진 시간을 보낸다. 돈을 아끼고 있을 땐 기특해 보이는데, 학생 신분에 고급식당에 들어갈 때는 주제넘게 낭비하는 것으로 보인다. 작은 아이는 늘 콜라도 사먹고 자질구레한 간식거리를 사먹느라 돈을 모을 겨를이 없다. 한 달에 한 번은 고사하고 일 년에 한 번 근사한 레스토랑에 갈 돈을 모으지 못한다. 잔돈푼을 쓸 때는 낭비를 안 하는 아이처럼 보이는데, 마음 놓고 쓸 목돈을 마련하지 못하는 것을 보면 계획 없이 사는 것같이 보인다.

큰아이는 일 년 치 비용(학비, 생활비, 용돈)을 일 년에 한 번 한꺼번에 받아서 다음 해에 받을 날짜까지 쓰고 게다가 제 동생 돈까지 맡아 관리해주고, 작은아이는 제 몫을 제 형에게 맡겨놓고 한 달에 한 번, 어떤 때는 일 주일에 한 번씩 타서 쓴다.

큰아이는 연애를 하는데도 절도가 있어서 이메일을 가끔 주고받는가 하면, 작은아이는 공부고 뭐고 만사 제쳐놓고 열애에 빠져든다. 작은아이는 여자친구의 생일에 장미꽃다발을 주기 위해 새벽 네 시부터 기차를 타고 몇 시간을 직접 찾아가고, 큰 아이는 그런 귀찮고 어리석은(?) 낭비는 하지 않는다. 작은아이는 친구들과 어울려 자정이 넘도록 술도 마시고 놀러 다니기도 하는데, 큰아이는 오전 오후의 강의 사이에 시간 여유가 많이 있으면 점심 먹으러 집에까지 전철을 타고 온다. 작은아이는 전화통에 매달려 온갖 군데 일을 다 간섭하고 떠벌리며 지내는데, 큰아이는 전화도 필요한 말 외엔 하지 않는다.

너무나 감정에 치우치는 작은아이의 행동 때문에 내가 애간장 태우며 지내는 데 비해, 큰아이는 절대로 내 속을 태우는 일이 없다. 그러나, 나는 때때로 작은 문제를 일으키기도 하는 작은아들의 행동을 이해하며, 오히려 아무 문제도 일으키지 않는 큰아들 때문에 더 걱정을 많이 한다. 그 아이의 나이에 겪는 온갖 과정들을 잘 넘기며 성숙하기를 바라기 때문이다. 작은아이가 별다른 문제아는 아니며 큰아이가 특별한 모범생도 아니다. 각자 성격이 다를 뿐이다. 항상 느끼는 거지만, 그 사람이 지닌 장점이 동시에 단점이 되기도 하고, 그 사람이 지닌 단점이 때로는 장점으로 부각되기도 한다. 서로를 비교하여 누구의 사는 방식이 옳고, 누구의 사는 방식은 옳지 않다고 평할 수는 없다. 가장 좋은 방법은 두 아이들을 한데 넣고 섞어서 반씩 나누어 합성을 하면 좀더 완벽한 인간이 될 것 같다. 그렇게 만들어진 새로운 사람에게서도 또 다른 문제점이 나타나겠지만…….

"이놈에게서 부족한 점을 저놈이 채워주고, 저놈이 부족한 점을 이놈이 채워주니 참 다행이구나!", "이놈은 이게 문젠데, 저놈은 또 저게 문제이니 아이구 내 팔자야, 어찌 이렇게 속 썩을 일이 많은고!" 이렇게 서로 상반된 두 가지의 생각이 늘 나를 혼돈 상태에 머무르게 한다. 그러나, 신神은 내게 두 아이를 흔들어 섞을 재주는 주지 않으시고, 두 아이에게서 취할 장점들이 많으니 감지덕지 행복해하라는 마음만 주셨다. 컴퓨터그래픽 같은 큰아이의 성격에도 샤갈의 부드러운 곡선과 몽환적인 환상을 사

〈맛, 매운 고추〉 190×220×50mm, 박스, 스크롤. 2012

랑하는 마음이 있고, 반 고흐의 그림 같은 작은아이의 성격에도 컴퓨터그래픽 같은 정교함과 치밀함이 있으니 나는 그저 행복하기만 하다.

이 행복한 어미는 오늘도 밥을 푼다. 군데군데 뭉쳐있는 잡곡을 고르게 섞으며 밥 한 주걱, 기도하는 마음 한 주걱, 번갈아 고르게 섞어가며 밥을 푼다. 사랑하는 아이들을 위해서.

(이 글은 아이들의 대학시절에 쓴 글이고, 지금 큰아들은 예쁜 딸아이의 아빠가 되었다. 작은아들은 카페 커피를 사먹지 않고 자판기 커피로 대신하는 구두쇠 짓을 하며 살고 있다.)

봄밤

봄이다. 나의 일과는 밤 12시부터 1시쯤까지 나물 다듬기를 끝으로 마감된다. 그제는 머위, 어제는 취, 오늘은 씀바귀……. 달그락거리고 물소리가 나는 일은 너무 늦은 시간이라 할 수 없지만 식탁에 앉아서 채소를 다듬거나 마늘을 까는 일이야 어느 시간이든 상관없어서 좋다. 어머니는 내일 하지 뭐 하러 이 밤중에 야단이냐고 하시지만 이렇게 밤에 해두면 내일이 편해서 좋다. 그리고 시계를 보면 이미 내일에 와있으니 내일 하고 있는 것이다(좀 이상한 문장인가?). 식당을 하는 것도 아닌데 많은 시간 동안 부엌일에 매어있다. 식구들에게 수시로 구박을 받으면서도 나는 여전히 들기름 발라서 김을 굽고, 껍질이 있는 도라지와 더덕을 사다가 껍질 벗기고, 연례행사로 절기에 따라서 저장식품을 만든다. 그런데 이 저장식품의 재료들을 시장에서 사는 것이 아니라 밭에서 직접 캐고 따고 뜯고 그렇게 구한다. 염치없는 일이지만 농사는 사돈이 힘들여서 짓고 나는 얌체같이 다 된 것 따다 먹기만 하는 셈이다.

이번 봄에도 얼마 후면 사돈네 밭으로 나물 캐러 간다. 쑥, 냉이, 머위……. 제철인 지금 향기롭게 먹고, 데치거나 말려서 냉동고에 저장해두어 다음 해까지 일 년을 먹으니 이 일이 내겐 중요한 연례행사인 것이다.

평택 사돈네 덕에 작년에 공짜로 밭에서 거둬와 저장해둔 것들. 쑥, 머위, 냉이 — 데쳐서 냉동함. 마늘쫑 — 고추장에 푹 파묻음. 마늘, 고추 — 초간장에 절임. 깻잎 — 소금물에 절임. 무 — 진한 소금물에 짠지 담금, 썰어서 무말랭이, 살짝 절였다 꾸들꾸들 말려서 고추장에 장아찌 박음. 무청 — 시래기.

공주 사돈네서 얻어와 저장해둔 것들. 인삼, 꿀 — 꿀에 인삼을 재어둠. 꿀이 넉넉한 덕분에 여러 가지 차를 만들었다. 대추까지 한 자루 선물 받아 생강 사다가 함께 꿀에 재어두었다. 생강껍질 벗기고 곱게 채 썰며 손끝이 맵게 느껴질 때마다 대추를 준 K에게 사랑의 화살을 마구 날리다보니 생강의 매운맛이 달콤하게 변했다.

나물 캐러 갈 날이 기다려진다. 따뜻한 봄 햇살을 등에 받으며 흙냄새를 맡는 일이 얼마나 행복한가. 흙에서 에너지를 공급받는 기분이다. 한가롭게 놀이를 즐길 수도 있다. 자연에게, 사물에게, 생물에게, 무생물에게 말 걸기 놀이 말이다. 독일에서 온 쌍둥이 칼과 평택에 살고 있는 쑥이 만났구나. 너희들은 이렇게 만나리라는 것을 상상도 못했겠지? 이 칼을 만든 사람은 이 칼이 무슨 일에 쓰일 거라고 생각하며 만들었을까? 별의별 생각을 다 했겠지만 그래도 여기 평택에 있는 쑥하고 얘가 만날 거라고는 생각지 못했을 거야. 그런데 얘 쌍둥이 칼아, 넌 기분이 어때? 쑥을 뜯는 일이 만족스럽니? 어쩜 불만일지도 모르겠다. 넌 아주 유명하잖아, 그러니 좀 더 강하고 대단한 것을 자르는 일이 어울린다고 생각하겠지. 이 연약한 순을 자르는 일보다는 말이야.

얘 쑥아! 겨우 봄볕에 몸을 내밀었는데 이렇게 잘라서 미안해. 정말 미안해. 그런데 말이야, 너는 이 밭에서 무성하게 자라며 지내는 것이 좋으니, 아니면 사람들에게 뜯겨 먹히는 것이 좋으니? 누가 뜯어가지도 않고 본체만체 내버려두면 네 자존심이 상하는 것은 아닐까? 널 예쁘다고 뜯어가고 맛있게 먹어주면 너는 오히려 더 행복해할지도 몰라. 내 친구들 중에는 말이야 자기에게 어려운 일을 시킨다고 화를 내는 친구도 있고, 쉬운 일만 시킨다고 화내는 친구도 있거든. 너는 어때? 너는 어떤 쑥이야? 사람들이 너를 뜯어간다고 화를 내는 쑥이니, 아니면 사람들이 잘 뜯어간다고 기분 좋아하는 쑥이니…….

이렇게 나의 놀이는 참 여러 종류이다. 가끔 어떤 사람들이 내게 일 좋아하는 사람이라고 말하지만 사실 나는 참 놀기 좋아하는 사람이다. 신나는 놀이가 참 많다. 나는 늘 즐겁게 논다.

집밥

직업, 나이, 신분에 관계없이 외식이 일반화되었다. 끼니때 집을 떠나 밖에 있는 사람이나 외식을 하는 것이 아니다. 집 밖에서의 모임을 위해서, 가족끼리 기분전환으로, 의미 있는 날을 기념하기 위하여 특별히 외식을 하는 것이 아니다. 식사 준비할 시간이 충분히 있는 가정주부도 끼니를 밖에서 해결하고, 집에 들어가 식사를 해도 될 시간인데 저녁을 밖에서 먹고 들어가는 학생이나 직장인들이 많다. 외식을 하면 별미를 먹는 재미도 있고, 주부들은 부엌일에서 해방되는 자유도 있다. 그러나, 많은 사람들이 집밥을 제일로 꼽는 까닭은 무엇일까? 밖으로 돌며 산해진미를 다 맛보는 가장도 집밥을 제일로 꼽고, 퓨전요리의 맛에 길들여진 자녀들도 집밥을 제일로 꼽고, 부엌일의 귀찮음을 감수해야 하는 주부도 집밥을 제일로 꼽는다.

우리나라에 “엄마 손맛”이라는 말이 있듯이 독일에 있을 때 식당에 가면 “할머니 조리법”으로 준비한 메뉴가 각 식당의 메뉴판에 꼭 끼어있고, 런던에서도 “집의 조리법” 메뉴를 보았다. 주로 소스나 스프에 그런 말이 붙어있다. 식도락을 즐기는 미식가들에게도 ‘집밥’은 모든 음식의 근본이고, 산해진미 식탁 앞에서도 불현듯 그리워지는 것이 바로 ‘집밥’이다. 어머니의 요리솜씨가, 아내의 요리솜씨가 남보다 못하여도 집의 밥은 언제나 그리움의 가장 밑바닥에 있다.

많은 주부들이 집밥의 중요성을 대수롭지 않게 여기고 있는 것을 보면 참 안타깝다. 물론 각자가 살아가는 방식이 다 달라서 누구의 방법이 옳고 그름을 판단할 수도 없지만, 그래도 숙식을 집에서 하는 것은 인간의 가장 원초적인 생활방식이다. 모든 어머니들은 젖의 성분이 무엇인지 몰라도 그것이 생명줄인 것을 알고 젖을 물린다. 본능이다. 초유를 먹는 신생아들도 본능으로 젖을 빤다. 식구들의 먹거리를 준비하는 주부들에게도(꼭 여자여야 할 이유는 없다. 남편이나 아들이면 또 어떠랴) 젖을 물리는 어미의 동물적인 본능이 있다. 생물학이나 영양학에 무지한 주부도 식구들의 뼈와 근육과 살이 되는 먹거리를 분별하며 준비하는 정성스런 마음이 있으니 말이다. 주부가 식구食口들의 식사 준비를 소홀히 하고, 식구들이 준비된 집밥을 마다하고 외식을 일삼는다면, 이런 상태가 장기간 계속된다면, ‘식구로 묶인’ 가족관계에 작은 틈이 생길 수도 있을 것이다.

톨스토이는 『사람은 무엇으로 사는가?』에서 사람이 사랑으로 산다는 것을 가르쳐주었다. 이 말을 들어서 물리적인 답을 하자면 사람은 밥으로 산다. 그런데 그냥 밥이 아니라 '집밥'이다. 우리 식구들은 무엇으로 사는가? 우리 집밥으로 산다. 왜? 집밥은 단순한 육肉의 양식이 아니라, 사랑이 담겨있는 영육靈肉의 양식이기 때문이다. 상품화된 육의 양식이 아니라, 힘의 원천인 사랑이 거기 듬뿍 들어있는 영의 양식이기도 하다. 이렇게 집밥은 소중하다.

한밤중에 들어와도 집에 와서 먹으려고 밥을 안 먹고 왔다는 남편이 있어서 나는 행복하다. 빵을 먹어도 집의 식탁 앞에 앉아 내가 끓인 차를 마시며 빵을 먹는 자식들이 있어서 나는 행복하다. 현대를 살아가는 페미니스트들에게는 나의 이러한 작은 행복이 '여성으로서의 고정된 역할에 대한 하찮은 행복'으로 비칠지라도, 집밥을 기본으로 삼고 늘 집밥을 그리워하는 식구들에게 집밥을 마련하는 시간이 내게는 행복이다.

참 단순하게도 그깟 맛난 음식에 행복해하지

봄은 식탁 위에도 어김없이 오는데, 봄동 겉절이도 없는 식탁, 냉이무침도, 씀바귀나물도 없는 식탁, 쑥 내음 향긋한 애탕도 없는 식탁. 별미로 빚어보는 쑥개떡 한 조각도 마련할 수 없는 이국의 봄. 돼지고기를 보면 입가에 물집이 자글자글 잡힌다는 구제역 생각에 구역질, 쇠고기를 보면 뇌가 스폰지처럼 녹는다는 광우병 생각에 공포. 그 본뜻과는 다르지만 “먹고 살기가 어렵다”는 말이 내 입에서 자주 나온다.

소가 미친 것은 당연하다. 내가 소의 입장이라면 당연히 나도 미치고야 말았을 것이다. 먹기 싫은 음식, 정말 죽어도 못 먹겠는 음식을 억지로 먹는다면, 그것도 단 한 번이 아니라 살아있는 동안 내내 먹어야 한다면 미칠 수밖에 없다. 굶어 죽을 지경까지 배고픈 상황을 안 겪어봐서 쉽게 하는 소리일지 모르나, 먹고싶

〈허브〉 150/250×300mm, 혼합매체, 2011.

은 것을 참는 것보다는 먹기 싫은 것을 억지로 먹는 괴로움이 훨씬 더 크다. 소는 그래서 미쳤을 것이다. 동료들의 시신으로 만들어진 밥을 먹어야 하는 소는 미칠 수밖에 없었을 것이다.

오늘은 김밥, 아니, 김 쌈밥을 해먹었다. 나의 김 쌈밥은 특별할 것도 없는, 그러나 화려한 별미로 가끔 식탁에 올려놓는 요리, 미완성 요리다. 정성이 부족하고 게으름 때문에 미완성으로 내놓는 이 어설픈 요리를 우리 식구들은 좋아라 먹는다. 미리부터 계획적으로 준비를 하면 구색 맞춰서 야채를 준비하지만, 주로 냉장고에서 묵고있는 야채 조각들을 주워 모아 준비를 한다.

각종 야채를 얌전히 썰 것도 없이 굵은 채로 썰어 색깔 맞춰 접시에 빙 둘러 담고, 그 가운데에 와사비 간장 종지를 놓는다. 파래가 섞인 김을 그대로 살짝 구워 6등분하여 썰어놓는다. 그리고 밥을 초밥으로 비벼서 내놓으면 끝. 너무 염치없는 주부인가. 냉장고 야채 청소하는 것 같아서 민망하면 아보카드 한 개, 그리고 주황색 연어알 약간을 마련하여 함께 낸다. 게살이 있으면 금상첨화지만, 게맛살도 괜찮다. 아보카드를 와사비 간장에 찍어서 다른 야채 몇 가닥과 함께 김을 싸면 그 맛이 별미다.

오늘은 다행히, 그이가 지난번 출장 때 우크라이나에서 사다 준 연어알도 있고, 게살도 있다. 애들은 "맛있다, 맛있다"를 연발하며 잘도 먹는다. 요즘은 조카가 와있어서 스무 살 넘은 청년들이 셋씩이나 되는 우리 집, 그 애들 숟가락질에 덩달아 내 숟가락도 오르락내리락 저절로 움직인다. 맛있는 것을 먹을 때의 모습은 참 행복해 보인다. 식당의 촛불 모양 백열등도 분위기를 잡는데 한몫 한다. 식탁에 올려진 것이 푸짐한 것도 아니고, 달랑 큰 접시 하나(빨간 피망에 노란 단무지까지 껴서 색깔은 화려하다), 김 그릇 그리고 각자의 밥그릇과 물컵뿐인데 아이들은 별미를 먹는 맛에 신이 났고 모두들 행복해 보인다. 아, 참, 마당에서 꺾어다놓은 동백꽃 세 송이도 식탁을 빛낸다.

식탁에 함께 있지 않은 그이가 문득 생각났다. 밥을 참 소담스럽고 복스럽게 잘 먹는다고 어른들에게서 칭찬깨나 듣는 그 사람. 어떤 이는 나의 두 턱에 복이 들었다고 하고, 어떤 이는 그

이의 밥 먹는 모습에 복이 담뿍 들었다고 하니, 어느 쪽이든 우리에게 복이 있기는 있는 모양이다. 맛있는 것을 하면, 그게 별로 특별할 것도 없지만, 그래도 내 딴엔 별미라고 마련하면, 거의 매식으로 끼니를 때우는 그이가 마음에 걸린다. 회사 앞 식당의 김치찌개, 돼지고기 숭덩숭덩 썰어 넣고 두부 큼직큼직하게 썰어 넣고 끓인 그 김치찌개가 그렇게 맛있다고 자랑을 하는 그이. 김치찌개에 넣는 돼지고기는 얌전얌전하게 썰면 안 된다. 숭덩숭덩 썰어야 한다. 그런 음식을 좋아하는 그이가 집밥을 얼마나 먹고 싶어할까.

며칠 전에 박완서 님의 「아주 오래된 농담」을 읽었는데 거기에 "집밥"이란 단어가 나온다. 그래, 모든 남자들은 다 집에서 지은 밥을 먹고 싶어하지. 많은 남자들이 참 단순하게도 그깟 맛난 음식에 행복해하지. 세상을 마치 자기 손에 쥐고 주무르는 척으스대는 대단한 남자들이 그깟 맛난 음식 한 그릇에 행복해하지. 많은 아내들이 참 단순하게도, 식구들 맛난 음식에 행복해하는 모습을 바라보며 덩달아 행복해하지.

끼니때가 다되도록 별 대책 없이 게으름 부리고 앉아있다가, 궁여지책으로 냉장고 청소하듯 야채 쪼가리들 긁어 모아 마련한 저녁 식탁에서 내 아이들은 게으른 어미 민망하게도 참 행복해했다. 셋만으로도 식탁이 꽉 찬 듯한 그 아이들이 탐스럽게 먹는 모습을 보는 나도 행복했다. 그런데, 내 마음은 한 입 베어먹은 사과 모양, 쪽 떨어져나간 사과 모양인 것을 어쩌나. 봄이라고 해도 먹을 게 하나도 색다를 게 없는 이국에서 달래 냉이 씀바귀 쑥 원추리 그런 것들이 그리웠다. 스무 살 넘은 다 큰 남자아이들 셋이서도 가릴 수 없는 식탁의 빈 의자 하나가 자꾸만 눈에 띄었다.

그이가 보고싶다.

봄이 먹고싶다.

6

아름다운 집

아름다운 사람

–죽음은 삶의 또 다른 모습

마당에 떨어져있는 동백꽃을 주워다 넓은 접시에 담아 식탁 한가운데 놓는다. 저녁 상차림 전에 내가 하는 일이다. 이미 사방은 어두워지고 아무도 땅에 떨어진 그 아름다운 꽃을 볼 수 없을 때 나는 그것을 소중히 하얀 접시에 담는다. 낮에는 땅에 떨어져있는 상태로 감상을 해야 제격이기 때문에 그대로 둔다.

우리들은 자주 정원을 내다본다. 새로 피어난 꽃보다는 초록빛 잔디 위에 화려하게 떨어져있는 동백꽃이 먼저 눈길을 끈다. 동백꽃은 꽃 이파리 하나 상하지 않은 채 땅에 툭 툭 떨어진다. 그것은 떨어진 꽃이 아니라 초록빛 잔디 위에 만개한 한해살이 꽃처럼 보인다. 누군가는 제 생명을 다하지 않고 그렇게 지는 동백이 괘씸하고 서운하고 슬프다고 했다. 나는 아름답다고 말했다.

젊은 사람들이 볼 때 내 나이를 어떻게 생각하는지 나는 그들의 마음을 헤아리지 못한다. 그러나 노인들의 눈에 비친 나는 아직 "새파란 것"이다. 죽는다는 게 어쩌고저쩌고 하는 말을 입 밖에 내면 나는 아주 '건방진 것'이다. 그런데 죽음에 대해 얘기하고 싶다. '죽고 싶다'가 아니라 '죽음에 대해 말하고 싶다'는 것을 명확히 해둘 필요가 있다.

1.

에르딩Erding에서 시골생활을 하는 동안 삶에 대한 의지가 활활 타오르기도 했고, 죽음에 대한 아름다운 순종도 생각해봤었다. 가까이에 숲이 있었다. 매일매일 살아나는 나무, 매일매일 죽어가는 나무, 이듬해 다시 시작되는 살아나기와 죽어가기의 어김없는 순환. 거기 담겨있는 숱한 생명들로 해서 매일매일 변화하는 숲. 그 생명의 신비를 간직한 숲을 곁에서 지켜보며 인생에 대해 생각할 기회가 많았다.

대지에 가득 찬 생명들의 생기를 느끼며 나는 또한 그 생명과 필연적으로 더불어 함께하는 죽음도 보았고, 죽음과 생명은 따로 멀리 떨어져 있는 것이 아니라 손바닥과 손등처럼 함께 붙어 있다는 것도 알았다.

세상의 그 어느 누구도 손바닥만 가질 수 없고 또 손등만 가질 수 없다. 우리는 손바닥과 손등을 한 손에 다 가지고 있다. 내가 생명의 영역에 있을 때나 죽음의 영역에 있을 때나 그것이 나에겐 아무런 차이가 없다. 다만 내 주변의 사람들에게 약간의

〈음악가 무덤들-비엔나〉 135×300mm, 사진, 2009.

차이가 있을 뿐이지 정말 나 자신에겐 아무런 차이가 없다. 내 죽음에 눈물을 흘리는 것은 내가 아니라 남은 자들 아닌가. '죽음' 때문에 눈물을 흘리는 건 내가 남은 자의 자리에 있을 때이지 내가 죽을 때는 아니다. 죽음이란 그저 자리바꿈에 불과한 일. 한 사람의 자리바꿈이 그 주변의 여러 사람에게 연쇄적인 영향을 끼치는 것을 간과할 수는 없지만 죽음을 맞는 당사자로서는 그저 자리바꿈에 불과한 것이 곧 죽음이다. 강북에서 강남으로, 강남에서 강서로, 강서에서 강동으로 이사를 다니듯, 이쪽에서 저쪽으로 자리를 옮기는 것이다. 내가 이웃들과 잘 지냈다면 내가 이사를 한 후 함께 살던 이웃들이 나를 그리워할 테고, 아니면 곧 잊어버릴 게다.

지난해 떠오르던 태양과 다음 해에 떠오를 태양이 조금도 변함이 없을 것을 다 알면서도 우리는 새 천년에 대한 희망으로 부풀었었다. 그 희망을 공유한 우리들 모두는 새 천년에 다 죽을 사람들이다. 우리들 중 누구도 그 천년의 십 분의 일을 못 넘길 것은 자명한 일이 아닌가. 그래도 우리는 희망을 가지고 미래를 향해 힘차게 달려왔고, 막다른 곳에 죽음이 있는 그곳에 우리는 희망을 가지고 달려간다.

죽는 자의 자세는 어떤 모습인가. 손바닥이 위로 향해 있던 삶에서 이제는 그 손을 뒤집어 두 무릎 위에 다소곳이 손등을 위로 향해 내려두는 것 그것이 죽는 자의 자세이다. 그 자세를 미리 알지 못하고 끝까지 손바닥을 위로 향해 허우적거리는 삶을 보는 것은 참 괴로운 일이다. 숲으로 들어가 아무런 저항 없이 순종하며 죽어가는 생명들을, 우렁찬 울음 없이 조용히 태어나는 생명들을 봐야 한다. 태어남에도 죽음에도 순종하는 것이 생명을 받은 자들의 아름다움이다. 누가 말했는가, 도전하는 인간이 위대하다고? 도전할 대상은 삶의 과정이지 생명 그 자체는 아니다. 생명에는 순종해야 한다.

누군가는 말했다. 죽음은 아기 봐줄 사람도 없는 집에 아기를 혼자 놔두고 밖에 긴한 볼일을 보러 나가는 엄마의 마음이라고. 이 이야기에서 나는 일단 안도의 한숨을 쉴 수 있으니 행복하다. 우리 아이들은 누가 봐주지 않아도 안심하고 내가 외출할 수 있으니까 말이다. 사람은 누구나 생에 대한 의무감이 강해서 죽지 못할 때가 있다. 의무로 살아야 할 시절이 있다. 지난해, 나는 적금식 보험을 들었다. 그전엔 생명보험을 들었었다. 아무런 대책 없이 남겨질 아이들에 대한 부모로서의 책임감 때문에 생명보험을 택했었다. 그러나 이제는 생명보험금을 남기지 않아도 아이들이 자기들의 인생을 스스로 꾸려갈 나이가 되어서 내가 살아 있을 때 탈 수 있는 적금식 보험을 택한 것이다. 노후를 스스로 꾸려볼 양으로 궁리한 것이니 이것 또한 생에 대한 의무가 아닐까, 그런 생각이 든다.

일용할 양식이 없는 숱한 사람들과 함께 살면서 일용할 양식 이외의 것을 챙겨두는 일이 부끄럽다. 내가 대비하지 않으면 다른 사람들에게 폐를 끼치게 된다는 생각 때문인데 아마 이것은 잘 포장된 그럴듯한 변명일 뿐 옳은 짓은 아닌 것 같다. 그 크신 분의 부르심은 예고도 없는데, 우리들은 우리들 자신이 만들어 낸 숫자놀음을 믿고 '평균수명'이라는 숫자까지의 삶을 설계한다. 어느 날 그분께서 '그동안 수고 많았다. 이제 내 곁에 와서 편히 쉬어라'하고 부르시면 우리가 쌓았던 숫자의 탑은 와그르르 무너질 텐데.

2.

이 봄 내내, 삶을 부여받은 인간들이 저마다 일생을 통해 몇 번씩은 죽음에 대한 정의를 내려보듯이 나도 죽음에 대한 정의

내림에 골똘했다. 목사님은 "죽음은 삶의 마침이라기보다는 새로운 세계로의 떠남"이라고 했다. 이 말에서 삶과 죽음 사이의 연결고리를 느낀다. 나는 삶과 죽음을 다 함께 '인생'이란 괄호 속에 동류항으로 묶는다. 인생人生의 '生'이 살아있다는 뜻이지만 그렇다고 삶만이 인생이라고 말할 순 없다. 인생엔 엄연히 죽음도 포함되어 있으니 말이다.

삶의 끝에는 죽음이 있고, 죽음의 시작엔 삶이 있다. 삶에는 끝이 있지만 죽음엔 끝이 없다. 죽음은 끝이 없이 영원하다. 우리들은 그것을 죽음이라 말하지 않는다. 영원한 생명이라고 말한다. 生자가 들어있는 人生이란 단어에 죽음의 의미까지 포함되어 있고, 죽음의 의미를 영생永生으로 표현하는 우리들의 말 쓰임이 얼마나 지혜로운가. 삶의 과정엔 숱한 오류가 있지만 그 과정이 끝나기 전에 오류를 수정할 기회도 있다. 삶에는 마무리의 과정이 있으니까. 그러나 시작만 있고 끝이 없는 죽음에선 시작을 돌이킬 어떠한 능력도 우리에겐 없다. 이런 심심풀이 말장난, 이리저리 짜 맞춰보는 말놀이의 끝을 풀이해보면, '시작'은 삶에서보다 죽음에서 더욱 중요하다는 결론을 얻는다. 이 '시작', 죽음의 시작은 삶의 끝에 맞물려있다. 그렇다면 삶의 끝은 우리 인생 중에서 가장 중요한 시기가 아닐까. 삶은 죽음을 준비하는 과정이다. 모든 일은 준비를 어떻게 하느냐에 따라 출발이 달라진다. 우리는 모두 죽음을 준비하는 과정으로서 이 삶을 살고 있다. 죽음, 곧 영생을 향한 준비를 위한 과정으로서의 삶에 우리가 있다.

〈상례喪禮〉 190×295mm. 고서 재제본 2011.
〈기제의忌祭儀〉 185×265mm. 고서 재제본 2011.

〈상례喪禮〉〈기제의忌祭儀〉;

할아버지!

할아버지께서는 가례家禮를 이리도 중요하게 여기시고 아버지에게 자상한 가르침을 주셨는데……. 아버지는 참척慘慽의 죄를 저질렀습니다. 그리고 또 저 역시 할아버지의 뜻을 배신하고 제사를 모시지 못하고 있습니다. 곰팡내 퀘퀘한 묵은 상자에서 이 책을 꺼내어 새 옷을 입히며 할아버지와 아버지를 많이 생각합니다.

3.

연극을 한다. 무대가 점점 어두워지며 한곳으로 빛이 쏟아진다. 주위는 완전한 어둠으로 변한다. 무대에 누워있는 연기자를 비추던 강렬한 한 줄기 빛은 점점 위로 위로 향하며 없어진다. 관객은 주인공의 영혼을 하늘로 인도해간 그 빛이 곧 죽음임을 안다. 죽음은 빛으로 표현할 수 있다.

영화를 만든다. 연기자가 문득 하늘을 올려다본다. 부드러운 구름이 둥실 떠있는 엷고 맑은 푸른색의 하늘이 마음에 평화를 준다. 다음, 하늘은 쪽빛으로 변하고 태양빛이 강하게 빛난다. 그 하늘을 배경으로 새가 날아간다. 아주 자유롭게 은빛으로 빛나는 새가 훨훨 날아간다. 죽음이다. 구름처럼 부드럽고, 하늘처럼 푸르고, 태양처럼 빛나고, 새의 날개처럼 자유로운 죽음이다.

그림을 그린다. 깃털날개가 달린 천사들이 한 사람을 호위하며 공중을 난다. 날개가 없는 그 사람도 공중에 떠있다. 전체가 파스텔톤의 부드러운 색감이다. 거부하는 몸짓이 아닐 때 죽음은 아름답다.

다른 표현들도 있다. 까만색 긴 망토를 입은 저승사자를 따라 어두운 곳으로 따라가는 연극, 그 검은 날개에 휩싸이는 그림, 자유롭게 하늘을 날던 새가 땅으로 곤두박질하며 하강하는 영화, 은은히 빛을 발하던 촛불이 꺼지고 갑자기 찾아든 암흑, 맑은 하늘이 갑자기 어두워지며 몰려드는 검은 구름…. 연출가의 마음대로 죽음을 빛으로, 암흑으로 선택하는 것은 아니다. 죽음을 맞기 전까지의 연기자의 역할에 따라 죽음은 빛이 되기도 하고, 암흑이 되기도 한다. 화가의 심리상태에 따라, 화가가 죽음을 어떻게 해석하느냐에 따라 그림은 밝고 맑고 부드러운 그림이 되기도 하고, 어둡고 무겁고 험악한 그림이 되기도 한다.

나는 어떤 극에 등장하고 있는가. 나의 죽음의 순간을 연출가는 어떻게 연출할까? 빛으로 인도하는 연극? 험악한 저승사자를 따라가는 연극? 글쎄, 나는 어떤 역할을 했더라. 뒤를 돌아본다. 빛이 없다. 암흑이다.

정원을 손질하다 돌을 들춘다. 음습한 곳에 자리 잡고 있던 벌레가 갑자기 빛에 몸이 드러나니 황망히 방향 모르고 버둥거린다. 내 삶의 실체를 거기서 본다. 나의 실체, 빛에 드러나면 눈을 못 뜨는 미물. 죽음은 새로운 세계로의 떠남이라고 말한 목사님은, 그곳이 낯선 곳이겠기에 우리에겐 두려움이라고 했다. 낯선 곳을 겁도 없이 잘도 돌아다니는 나는 역시 낯선 곳인 '죽음'에도 두려움이 없는 것인지 자문한다. 선뜻 대답할 수 없다. 그동안 내가 경험했던 수많은 낯선 곳들, 그곳에 갈 때마다 얼마나 단단히 준비를 했던가. 겁도 없이 다녔다는 것은 그만큼 준비를 많이 했기 때문인데 이 '죽음'이란 낯선 곳에 대해선 도대체 준비한 게 없다. 앞에서, 나는 삶이 죽음을 준비하는 과정이라고 했다. 우리는 죽음의 준비과정으로서의 삶을 살고 있다고. 나에게 죽음에 대한 두려움이 있다면 나는 내 삶을 돌아보아야 한다. 두려움 없이 낯선 곳으로 떠날 수 있는 준비를 해야 한다.

죽음의 세계로 가면 나는 그분을 만날 것이다. 평생 동안 만나기를 갈망했던 그 크신 분을. 그런데 낯이 설면 어쩐다지! 그게 바로 두려움이 아닐까. 낯이 설다는 것. 갓난아이가 익숙함엔 방긋 웃고, 낯선 것엔 으앙 울음을 터뜨리는 두려움. 낯선 것. 그 두려움을 없애려면 낯을 익혀놔야 한다. 죽음의 영역으로 접어들었을 때 삶의 자리에서 이미 낯이 익은 그분이 거기 계시다면 두려움은 없을 것이다. 삶의 자리에서 여러 번 만나 충분히 낯익은 그분을 뵙는다면 아무 두려움이 없을 것이다. 나는 죽는 게 두렵다. 낯선 게 무섭다. 나는 살아서 그분을 만나야 한다. 그분과 낯익은 사이가 돼야 한다. 죽음에 대한 두려움을 없애기 위해서 나는 살아있는 동안 그분을 자주 만나야 한다!

내가 살아서 만났던 모든 사람들, 슬쩍 스쳐 지나간 사람에서부터 끊을 수 없는 끈으로 묶여진 사람까지, 내가 저주의 독설을 퍼부었던 사람에서부터 사랑으로 상처를 핥아주었던 사람까지, 살아서 만났던 모든 사람들을 죽어서도 다시 만날 거라는 생각은 나의 삶을 가장 확실히 변화시킨다. 적어도 변화하고자 하는 노력이라도 하게 한다.

접시에 담겨진 동백꽃은 아직도 아름답다. 우리가 생각을 바꾸면 '제 몫을 다하지 못하고 진 꽃'에서 '명을 다한 후에도 아름다운 꽃'이 된다. 나는 기도한다. 내가 명을 다한 후에도 아름다운 꽃이 되기를. 나의 영혼이 아름다움으로 세상에 남아있기를!

2001년 3월, 동백꽃 핀 정원을 바라보며

아름다운 집

싱크대 앞에 커다란 유리창이 있어서 부엌일을 하며 정원을 내다볼 수 있는 것이 얼마나 좋은지! 휘청, 나뭇가지가 흔들려서 바람이려니 했다. 옆집에서 담을 넘어와 늘어져있는 나뭇가지, 이름 모를 빨간 열매가 닥지닥지 매달린 가지가 흔들렸다. 언뜻 바라보니 탐스러운 다람쥐 꼬리가 보인다. 아직은 나무에 매달린 열매들이 수두룩한데 그 다람쥐는 왜 가늘고 가는 가지 끝의 열매에 눈독을 들인 걸까. 나는 그놈을 '조나단'이라고 이름 지었다. 이제 그놈은 나의 친구가 되었다.

마당엔 토끼만 한 다람쥐들이 있고, 거실엔 산타클로스가 드나들 만한 커다란 벽난로가 있는 집. 아이들이 잠든 밤 산타할아버지가 그 벽난로에서 살금살금 나와 양말 속에 선물을 넣고 가겠지. 금년엔 내 이름의 양말도 벽난롯가에 하나 걸어두리라. 낡은 나무바닥은 삐걱거리고 고풍스러운 고가구들이 구석구석 버티고 있는 이 집. 정원에 있는 창고엔 정원을 손질하는 연장들이 가득하다. 반짝이는 것, 파란 녹이 슨 것, 그러다가 아예 붉은 녹이 연륜을 말해주는 톱, 전지가위, 호미, 가래, 낫…….

얼마 전에 집주인이 다녀갔다. 변기가 깨져서 연락을 했더니 상황을 보고 고쳐주러 온 것이다. 거실에 들어온 그는 우리 아들이 치는 전자기타를 보고 아주 반가워했다. 옛날에 자기가 쓰던 기타와 같은 거란다. 같은 상표에 모양까지 똑같다며 얼마나 반가워하던지. 전자기타는 갑자기 타임머신이 되어 그를 싣고 옛날로 미끄러져갔다. 그는 젊었을 때 친구들과 어울려 밴드를 조직하고 매주 모여 연습을 했단다. 지금 우리가 식당으로 쓰고 있는 방에서 연주를 했는데 그는 기타를 머리 위로 넘겨(아, 이걸 그림으로 그려야 하는데) 몸을 꼬며 연주하는 폼을 잡다가 천장에 있는 전등을 건드리곤 했단다. 그때가 1960년대 후반기였다니 그들의 연주에서 클리프 리차드나 비틀즈가 빠질 순 없었을 게다. 여긴 그들이 활동하던 런던, 지금도 거리의 악사들이 비틀즈의 노래를 연주하는 런던이니까.

우린 컴퓨터 배경화면으로 이 집 사진을 깔아놓았는데 그가 온 시간에 컴퓨터가 켜져 있었다. 그걸 보고 어찌나 좋아하던지. 그는 머리가 하얗게 세었고 얼굴엔 주름도 몇 개 눈에 띈다. 아마 나이 60을 어느 정도는 넘겼으리라. 그는 어려서부터 이 집에서 살았고, 이 집은 우리에게 처음으로 세를 놓았단다. 어머니를 사설 보호기관에 모시는 비용을 감당하기 위해 세를 놓은 것이란다. 그는 이 집보다 더 작은 집으로, 늙은 어머니는 시설이 아주 좋은 양로원으로 가셨다고 한다. 우리는 이 집에 노인이 살았었다는 것을 이사 오는 날부터 알았다. 화장실 벽, 샤워실 벽, 현관, 곳곳마다 앉았다 일어날 때 붙들 수 있는 손잡이가 설치돼 있다. 침실엔 인터폰이 있고, 계단이 꺾어지는 부분에는 거울을 달아 아래층과 위층에서 서로 볼 수 있도록 해놨다. 게으른 나는 가끔 이 거울을 이용하여 아래층에 있는 아이들과 거울 속에서 마주보며 얘기를 한다. 어쩌면 그렇게 마주볼 수 있는 것이 신기하여 즐기는지도 모른다. 집안 곳곳에 설치된 손잡이들을 볼 때마다 어머니를 배려하는 아들의 손길이 느껴지곤 한다.

의자 중의 하나는 특히 다리가 짧은데 우리들은 그것을 할머니 의자라고 부른다. 주인 아저씨는 키가 아주 큰 사람인데 특별히 낮은 그 의자는 그가 어머니를 위해 마련한 것이리라. 목욕탕에는 앉을 판에 예쁜 꽃 모양으로 구멍을 뚫어놓은 의자가 있다. 물을 부으면 구멍으로 물이 내려간다. 샤워하는 짧은 동안에도 힘이 드신 어머니를 위한 아들의 배려가 따뜻하다.

우리가 이사 온 후 얼마 되지 않아 그는 전화도 없이 불쑥 두 번을 찾아왔었다. 처음엔 볼일도 없이 혼자 왔고, 그때 내가 좀 춥다고 했더니 그 다음엔 전기난로를 사가지고 아내와 함께 왔다. 이제 생각하니 그는 이 집에 그냥 그렇게 오고 싶었던 것 같다. 갑자기 방향을 바꿀 수 없는 그의 귀소본능이 발걸음을 이 집으로 인도했으리라. 온갖 군데를 다 헤매고 다녀도 결국엔 이곳으로 향하던 발걸음이 무의식 중에 그날도 여기로 향하였는지도 모른다. 어쩜 그는 자기 어머니가 양로원으로 가신 걸 깜빡 잊고 여기 오면 어머니가 자기를 맞으리라는 착각을 했는지도 모른다. 아, 내 가슴이 왜 이렇게 찡해지는 걸까.

전자기타를 보고 아주 반가워하며 자기가 저 식당에서 친구들과 연주하던 시절을 회상하던 그의 마음이 애틋하게 내 가슴에 와 닿는다. 그가 이 집을 떠난 후로도 그의 마음은 얼마간 이 집에 머물러 있었을 것이다. 그가 꿈을 꾸면 그 배경은 늘 이 집이리라. 그가 이 집에서 태어났는지는 묻지 않아서 모른다. 기타를 치던 시절부터 세어도 40년이 넘도록 이 집에서 살았는데, 그동안 그는 결혼을 했고, 자식도 낳았고 그리고 어머니는 이제 생의 마감을 준비하는 단계에 들어섰고…….

이 집은 건물로서만의 집이 아니라 그의 인생이다. 그의 영혼이다. 그의 어머니의 손길이 안 간 곳 없이 곳곳에 남아 체온이 느껴지는 집이다. 집은 그래야 할 것 같다. 집은 소유의 한 목록이 아니라 인생을 담는 그릇으로 존재해야 한다. 이 집엔 족히 백 년쯤 묵었을 듯한 큰 나무도 있고, 원 기둥이 어른 팔뚝만큼 굵은 장미나무도 있다. 동백나무도 두 그루가 있는데 나는 이번 봄 내내 그 동백을 보며 계절병을 앓았다. 봄이면 정원 구석구석에서 수선화와 튤립이 서로 다투며 피어나고, 봄이 무르익음에 따라 마당에 딸기도 빨갛게 익어가고, 장미는 11월을 넘기고도 지칠 줄 모르고 피어나는 정원. 이곳에서 그의 꿈이 씨앗으로 심어졌고, 싹이 돋아 쑤욱쑤욱 자라나고 꽃대궁이 솟아오르고 화려한 꽃을 피웠었겠지.

정원의 나무들, 꽃들이 어제와 다른 느낌으로 내게 다가온다. 그가 몇 살 때 이 장미를 심었을까, 이 꽃이 처음 피었을 때 그의 가족들은 얼마나 큰 기쁨으로 이 꽃을 즐겼을까. 이제 생의 막바지에 와있는 그의 어머니의 젊은 모습이 장미 송이에 떠오른다. 그의 전자기타 연주소리가 들려온다. 아들의 전자기타 연주를 그 어머니는 때론 즐거워했고, 때론 시달리기도 했으리라. 지금의 나처럼.

집안 곳곳에 어머니를 위한 손잡이를 설치하는 그의 망치소리가 들린다. 언젠가 그가 다시 이 집에 돌아오는 날, 그날 그의 어머니는 여기서 그를 기다리고 있지 않으리라. 그러나 그는 그때까지도 남아있을 어머니의 체온을 느낄 수 있을 것이다. 몇 십 년 씩이나 배어있던 것이 그리 쉽게 사라지지는 않을 테니까. 허리가 휘청거릴 정도로 큰 키의 그가 머리 위로 기타를 넘겨서 연주하느라고 자주 건드렸다던 전등은 아직도 천장에 매달려 있다. 우리 아들이 흉내 내다가 그 등을 또 건드린다.

모든 존재는 아름답다. 정신이 깃든 모든 물질은 더이상 무생물이 아니다. 무생물에 사람의 호흡이, 손길이, 사랑이 닿으면 그것은 생물로 느껴지기 시작한다. 그래서 따뜻한 체온으로 사람과 함께 호흡하는. 나는 참 아름다운 집에 살고 있다. 그의 어머니의 장미와 함께. 통통하게 살이 오른 조나단과 함께.

가슴에 소중한 씨앗 하나 품고

서울의 기온이 금년 들어서 가장 높았다는 어제, 36도가 넘는 폭염 속에서 친정 큰고모님의 장례식이 있었다. 고모님은 향년 94세로 돌아가셨다. 주일 아침 예배 전에 나는 고요히 눈을 감고 간절히 기도했다. 이제는 고모님의 영혼을 거둬가시라고, 우리 큰고모님에게 참 평안을 주시라고, 주님 품 안에서 행복한 안식을 취하게 해달라고.

예배 후 고모님 댁에 갔을 때, 방금 숨을 거두어 체온이 채 식지도 않은 고모님의 잠자듯 고요한 모습을 보면서 내 마음엔 슬픔이 차오르기보다는 흔들림 없이 고요한 마음의 평정 속에서 하나님께 감사기도를 드렸다. 잠자듯, 정말 잠들 듯 고요히 돌아가셨고 시신은 참 평화로워 보였다. 하관 예배를 드리면서, 취토를 하면서 내 마음 속에 고모님을 추모하는 한 구절이 떠올랐다.

〈사랑의 천사〉 150/350×210mm. 2008.

'위대한 별이 지다!'

그런데 우리 고모님에게 '위대한 별'이란 말은 어울리지 않는다. 그분은 세상에 널리 알려진 분도 아니고, 학문의 위업을 쌓은 것도 없고, 위대한 사상가도 아니며, 세상을 위하여 몸바쳐 정의의 깃발을 들고 나섰던 분도 아니다. 그저 평범한 전업주부로 살림에 매어 평범하게 살다간 한 할머니일 뿐이다. 그런데 왜 내 마음속엔 '위대한 별'이란 말이 떠올랐던 것일까?

하관식이 끝날 때까지 나는 고모님이 도대체 무슨 일을 했다고 그런 거창한 수식어 '위대한 별'이라는 말까지 생각난 것인지, 고모님이 평생 한 일들을 골똘히 생각해보았다. 고모님이 평범한 아주머니에서 평범한 할머니로 늙어 돌아가신 것처럼, 고모님이 평생 하신 일도 그저 평범하기 그지없는 일이다. 나의 큰고모님이 하신 일은 그저 배고픈 사람에게 밥 먹이고, 잘 곳 없는 사람 잠재워주고, 공부하고 싶은 아이들에게 공부시켜 준 일일 뿐이다. 결식 아동이나 결식 노인들에게 급식봉사를 열심히 한 분으로 유명하지도 않고, 오갈 곳 없어 한데 잠자는 사람들을 집 안에 끌어들여 남들 눈에 띌 만큼 집안이 북적거리지도 않았으며, 거액의 장학금을 희사하여 독지가로 소문이 나지도 않았다.

그런데 고모님이 소리 소문 없이 밥을 먹여준 사람의 수는 열 손가락을 몇 번씩 꼽아도 다 헤아릴 수 없을 만큼 많고, 단 하룻밤 또는 며칠씩 기거하도록 집에 들인 사람들의 수도 아주 많고, 남들이 알게 모르게 장학금으로 쓴 돈도 평생을 합하면 아주 큰 거액이 된다. 고모님은 1000만 원이나 1억 원의 기부금은 낼 수가 없었다. 그렇게 모을 때까지 참을 수가 없었기 때문이다. 당장 필요한 사람이 옆에 있는데, 시침 딱 떼고 있을 수가 없었기 때문이다. 그래서 고모님은 눈에 보이는 대로 밥 한 끼씩 먹여주었고, 쌀 한 말씩 사주었고, 손 닿는 대로 10만 원씩, 100만 원씩 장학금을 주었다. 고모님의 이러한 행동은 봉사의 삶이라고 할 수 없다. 왜냐면, 그것이 고모님 삶, 본인의 삶 자체일 뿐이기 때문에. 그렇게 사는 것이 그 분의 삶 자체였다.

먹고, 자고, 공부하고, 이렇게 인간에게 가장 원초적인 필요를 채워주는 일을 평생 삶 자체로 생각하며 살아온 고모님. 그분에게 남은 것은 교회에 헌금한 많은 액수의 헌금영수증도 아니요, 이름 석 자 기록된 어느 곳의 장학금 기부자 명단도 아니요, 사회봉사를 열심히 했다고 탄 상장도 아니다.

그럼 우리 고모님에게 남은 것은 무엇이란 말인가? 부활의 확신을 가지고 조용히 잠든 주검뿐이다. 하관 예배에서 목사님의 말씀이 기억에 남는다. 씨앗을 뿌려서 싹이 나는 씨앗이 있고, 싹이 나지 않는 씨앗이 있는데, 부활의 확신을 가지고 돌아가신 우리 고모님은 때가 되면 싹이 나는 씨앗이라고.

어제 나는 세상에서 가장 값어치 있는 씨앗 한 알 땅에 묻고 돌아왔다. 그와 똑같은 씨앗 내 가슴에도 소중히 간직하고 돌아왔다.

관계

눈 깜짝할 사이에 하늘이 깜깜해진다. 익숙한 것의 배반이랄까, 낮에 느끼는 어둠은 어둑어둑한 게 아니고 깜깜하다. 밤의 어둠엔 태연하지만 낮의 어둠엔 당황한다. 지금, 그렇게 깜깜하다. 난 익숙한 것들을 더듬는다. 익숙한 것들이 손에 닿으면 안심이 된다. 낡은 포대기를 끌어안고 있는 편안함이다. 그 포대기에 배어있는 젖내는 달착지근한 것만은 아닌데, 시금털털한 냄새도 묻어있는데, 그래도 낡은 포대기는 편안하다. 이렇게 깜깜한 대낮에.

처음에 고국을 떠나 외국으로 나올 때 그동안 관계를 맺고 있던 많은 사람들과 송별회를 했다. 헤어질 때는 사이가 돈독했거나 무심했거나 상관없이 모두들 다 서운해 했다. 가까웠던 사람들은 이별을 인정하고 받아들이는 태도로 담담한 표정이었다.

아마 그런 결정에 대한 내 뜻을 다 안다는 의미였으리라. 별로 절친하게 지내지 않던 사람들은 오히려 사뭇 서운한 표정을 지었다. 의식하지 않고 지내던 나의 존재가 이별의 소식과 함께 갑자기 부각된 까닭이리라.

외국에 뚝 떨어져 나와 있으니 외로움은 느낄 수 없고 오히려 홀가분하고 한갓진 기분이 들었다. 내가 외로울까봐 염려해주는 사람들에게 민망할 정도로 나는 날아갈 듯이 홀가분했다. 일생에 처음 받아보는 시간의 선물이랄까. 아무런 구속 없는 생활이 마치 새털 날개를 얻은 듯 행복했다. 얽히고설킨 관계들을 저 멀리 두고 쏙 빠져 나온 쾌감도 있었다. 아마도 내가 통과해온 여행길이, 날던 날갯짓 그대로 과거로부터 날아온 것이 아니라, 좁고 어둡고 긴 터널, 숨쉬기도 어려운 긴 터널을 힘겹게 뚫고 나온 길이었나보다. 터널을 다 빠져 나왔을 때 마음 턱 놓고 심호흡을 할 수 있었던 것을 보면 나는 터널 속에서 너무 숨죽이고 있었나보다.

처음 얼마간 나는 새로운 세상의 신비로움에 들떠있었다. 혼자라는 느낌은 내 언저리 어디에서도 찾아볼 수 없었다. 자신을 옭아맨 복잡한 관계의 끈을 어쩌지 못하고, 점점 더 조여오는 그 끈에 묶여 사는 많은 친구들이 나를 부러워했다. 그들이 보기에 나는 자유로운 새였고, 날아다닐 수 있는 축복받은 여자였다.

그러나 나 자신도, 많은 내 친구들도 예측하지 못한 복병이 어느 날인가 슬쩍 고개를 들었다. 외로움이란 놈이 그리움이란

〈가족 사진 필름들〉 290×320mm, 폴리비닐 필름 커버, 2007.

동맹군을 이끌고 날선 칼을 내게 들이밀었다. 시퍼렇고, 차갑게 번쩍이는 날 선 칼이었다. 곧 나를 베어낼 것 같은 공포에 몸이 떨렸다. 칼의 금속은 너무 차가워서 나는 추위에 떨었고, 날은 너무 예리해서 나를 공포에 질리게 했다. 갑자기 점령군처럼 들이닥친 외로움, 게다가 꼬리를 물고 이어 온 그리움, 그것들의 기세에 나는 휘청거렸다. 휘청휘청, 곧 주저앉을 듯, 무너질 듯, 쓰러질 듯, 그렇게 휘청거리건만 내가 의지해 지탱할 것은 아무 것도 없었다.

최후의 결정권을 가져보지 못했던 나에게 매사에 마지막으로 서명을 해야 하는 임무는 버거웠고, 작은 범위지만 최고지도자의 고뇌와 고독을 실감하기도 했다. 시어른들과 남편의 곁을 떠나와 나는 비로소 어른이 되어가고 있었다. 가끔은 지혜열로 몸

〈커플들〉 105/310×105/310×105mm, 박스북, 2007.

이 달뜨기도 했고, 성장통으로 뻐근하기도 했지만 쑤욱쑤욱 커나가는 만족감도 있었다. 나는 서서히 '관계'를 다시 생각하기 시작했다. 벗어나고자 발버둥쳤던 나를 옭아매고 있던 관계의 끈들. 얽히고설킨 끈들은 섬세하게 많이 얽힐수록 더욱더 튼튼하다. 내가 휘청거릴 때 그 끈들, 나를 옭아매고 있는 그 끈들에 묶여서 쓰러지지 않았다는 것을 알았다. 나무를 지탱해주는 것은 굵은 뿌리 하나가 아니라 셀 수도 없이 많은 잔뿌리들이다. 나를 지탱해주는 힘은 하나의 굵은 지지대가 아니라 그 지지대에 나를 얼키설키 묶어놓은 질긴 끈들이다.

나는 다시 낯익은 관계 속에 뛰어든다. 뿐만 아니라 새로운 관계를 맺기도 한다. 컴퓨터 앞에 사람들이 붙어 앉기 시작하자 많은 사람들이 우려했었다. 인간관계가 붕괴될지도 모른다고. 그러나, 그 우려를 비웃기라도 하듯이, 많은 사람들이 그 차가운 기계를 통하여 옛 관계들을 탄탄히 동여매고 또 새로운 만남을 이뤄 나가고 있다.

머리만 커다란 낯선 외계인 같은 이 컴퓨터를 통하여 나는 매일 관계들을 확인한다. 탯줄로 이어진 관계도, 사랑으로 묶여진 관계도, 부담스러운 수직의 관계도, 옆으로 길게 뻗은 수평의 관계들도, 나는 매일 내 곁에 불러 모은다. 모니터는 차갑지만, 그 안의 기계는 열을 받아서 그 열을 식히는 팬fan이 필요한 것과 마찬가지로, 사람이 맞대면하고 있는 컴퓨터는 차가운 기계지만, 그 안에서 이루어지는 만남은 따뜻하고, 시간이 오래 지속되면 뜨거워진다. 나는 그렇게 나와 관계 맺은 이들과 체온을 나누고 있다. 그 체온은 명주실을 타고 온 아낙네의 맥박보다 더 확실하게 느껴진다. 때로는 벗어나고자 바둥대던 숱한 관계들. 그러나 오늘 나는 그 끈의 한쪽 끝을 잡고 다시 맴돌기를 시작한다. 내 몸에 서서히 끈이 얽히고 있다. 이제 그 끈은 나를 완전히 포박할 것이다. 독일에서 영국으로 왔듯이 다시 또 다른 나라로 옮기더라도, 지구에서 달나라로 옮기더라도 나를 묶은 관계의 끈은 풀리지 않을 것이다. 그것이 꼬옥 조여서 가끔은 호흡곤란이 오기도 하고, 너무 느슨해져서 몸이 허전해지기도 하고, 내 스스로 그 끈의 탄력을 조절할 수 있든 없든, 나는 영원히 '관

〈행복해지는 약〉 110×100×65mm, 하트형 나무상자, 캡슐 메모지, 2011.

기쁘고, 즐겁고, 행복했던 순간들. 캡슐은 나의 행복 저금통이다. 때로는 우울하고 불행을 느끼고 속상할 때 이 캡슐을 하나씩 열어 행복했던 순간을 돌아보며 나는 다시 행복해진다. 나의 행복했던 순간들은 고통을 이길 수 있는 특효약이며, 시간을 가둬 둔 타임캡슐이기도 하다.

계'의 끈에 묶여있을 것이다. 기름 때에 절어 꼬질꼬질한 묵은 끈, 그 위로 아직 때묻지 않아 푸슬푸슬한 새로운 끈이 자꾸만 겹겹이 동여질 것이다.

묵은 관계들은 없어지는 것이 아니라 쌓여서 파묻히는 것. 그 묵은 것들의 더께 위로 새로운 것들이 켜켜이 덮이겠지. 새로운 만남은 내가 숨쉬는 한 끝이 없으리. 혹, 나의 흔적이 어딘가에 조금 남게 된다면, 나는 숨이 멎은 후에라도 누군가를 새롭게 또 만나리라. 관계들의 그물망 사이로 흐린 빛이 들어오는 듯, 어둠에 익숙해진 눈조리개가 커지는 듯, 깜깜한 날씨는 서서히 밝아지고 있다.

인간 중심적 사고 1

무더위와 씨름하며 밭에서 풀을 뽑았다. 마늘밭에 풀이 너무 많아 우선 풀을 제거하지 않으면 마늘을 캘 수가 없기 때문이다. 그동안에도 수시로 풀 뽑기를 하였지만 풀은 지칠 줄 모르고 끈질기게 왕성한 번식력을 뽐낸다.

풀. 굳이 잡초라고 쓰지 않은 데는 나 나름대로의 이유가 있다. 잡초라는 이름은 인간이 붙인 것이지, 자연 속에서 잡초로 창조된 것은 아니다. 우리가 잡초라고 부르는 풀이 한번 자리 잡으면 다른 식물들이 견뎌내질 못하니 우리 인간들은 당연히 잡초를 뽑아낼 수밖에 없다. 인간이 원하는 식물을 보호하기 위하여 강인한 생명력으로 번식하는 잡초를 잔인하게 제거한다. 모든 생명체는 다 똑같이 귀하고, 자연계에서 서로 보완하며 공존한다는 개념에 잡초는 포함되지 않는다. 그건 제거해야 할 백해

무익한 것으로 분류된다. 인간 쪽에서 보면 말이다. 야생에서는, 인간이 간섭하지 않는 야생에서는 인간이 정의한 해충이나 잡초도 공존하며 그들만의 생활방식으로 살아간다. 자연의 섭리대로 질서가 유지된다.

독일에 있을 때의 일이다. 부지런히 청소를 해도 거미줄이 자주 생겼다. 빗자루로 털어냈는데 얼마 후에 보면 또 거미줄이 늘어져있었다. 어느 날, 나는 그 거미줄에 매달린 파리와 다른 날벌레들을 많이 보면서 거미줄 걷어내는 일에서 손을 떼기로 했다. 살충제를 사용하지 않아도 거미줄이 파리를 잡아주고, 다른 날벌레들이 집안에 드는 것을 다 막아주었다. 정원 잔디밭에 민들레 홀씨가 날아와 번식을 하기 시작하면 잔디밭은 빠른 속도로 민들레에게 점령당하고, 그걸 막지 못하면 결국은 잔디를 다시 깔아야 할 지경이 된다. 잔디와 민들레와의 관계를 잘 모르는 나는 이른 봄에 민들레 나물을 뜯어먹었고, 샛노란 꽃을 즐겼다. 나중에 그 집에서 이사 나올 때는 잔디를 완전히 걷어내고 다시 깔아주는 배상을 해야만 했다. 모든 것은 인간이 설정한 것에 맞춰져 있는 것이다. 거미줄은 털어내고 파리를 잡기 위해 살충제를 뿌려야 하는 것, 정원이 민들레밭이면 안 되고 잔디밭이어야 하는 것, 그것은 자연이 가르쳐준 상식은 아니다. 인간의 눈에 들고 마음에 드는 것은 다른 것으로부터 보호받고, 인간의 눈에 나면 값어치 없는 것으로 생명조차 잃게 되는 것이다.

풀은 다 같은 식물이다. 서로 종류가 다를 뿐 화초도 잡초도 다 같은 식물이다. 우리가 좋아하는 식물에 해를 끼치는 것은 그 씨를 말려야 할 잡초로 분류되지만 땅에는 잡초도 다른 식물처럼 필요한 존재로서 그 가치가 있다. 풀조차 나지 않는 땅은 식물이 생육할 수 없는 사막이요, 비옥한 땅에는 잡초도 무성하다. 풀은 땅의 이불이고, 땅의 옷. 땅의 흙이 유실되는 것을 막아주며 땅을 보호한다. 땅이 땡볕에 갈라지고 수분이 증발되는 것을 막아준다. 풀이 잡초가 되어서 뽑혀지는 것은 순전히 인간 중심의 생각일 뿐, 땅에는 잡풀도 화초도 구분할 필요 없는 그냥 풀일 뿐이다.

인간 중심적 사고 2

인간 중심으로 자연의 순환고리를 끊어버린 것이 어디 풀뿐인가. 근래에 심심찮게 뉴스거리가 되는 멧돼지만 해도 그렇다. 멧돼지의 천적이 없어서 개체수가 늘었다고 한다. 늘어난 개체수 때문에 먹을 것이 없어서 농가를 습격하고 농작물을 마구 파헤친다. 우리는 인간에게 위협이 되는 멧돼지를 총까지 동원하여 사살한다. 너무나도 당연한 일이다. 사람을 해치는 짐승을 잡아야 하니까. 그러나, 우리가 사람 사는 곳까지 먹을 것을 찾아 내려오는 산짐승들에게 미안한 생각 한번쯤은 해야 하지 않을까. 특히 먹거리에 남들보다 더 신경을 쓰고 친환경적인 것, 자연적인 것으로 챙기는 사람들도 자신들이 어떤 잘못을 저지르는지 한번쯤은 생각해봐야 한다. 인간이 먹기 위해 인간의 노력으로 땀 흘려 경작하지 않은 식물들은 자연 속에서 야생동물의 먹이가 돼야 하기 때문이다.

도토리, 더덕, 칡, 산에서 채취하는 각종 산나물과 열매들, 식용 나뭇잎들, 이런 자연식을 하는 사람들은 자신들의 식습관이 바른 것으로만 인식하고 있을 뿐, 자신이 본의 아니게 야생의 것들을 훔쳐먹는다는 생각은 하지 않는다. 물론 사람이 좀 가져다 먹어도 될 만큼 충분한 것들, 산짐승들은 별로 먹지 않는 것들도 많이 있다. 그러나 창조주는 완성된 것을 가져다 먹기만 하면 될 동물과 필요한 것을 경작할 수 있는 능력을 준 인간을 구분하셨다. 경작할 능력을 갖춘 인간이 그것이 없으면 굶을 수밖에 없는 동물의 먹이까지 탐하는 것은 미안한 일이 아닐 수 없다.

인터넷과 나

옆집에서 농구공이 넘어왔다. 지난 여름에 새 사람이 이사를 와서 집수리를 했는데 정규 높이의 농구대를 설치하고 마당에 조명등까지 달았다. 저녁 식사 후에는 농구공 튕기는 소리와 아이들의 싱싱한 목소리가 수선스럽게 담을 넘어오고, 나중엔 농구공까지 담을 넘는다. 짜증날 법도 한 그 술렁거림이 싫지 않음은 내가 소리를 그리워하고 있음인가. 모든 그리운 것들은 멀리 있다.

아이들은 내일 있을 할로윈 파티에 가려고 의상을 미리 입어보고 법석을 떤다. 막내는 내가 아끼는 검은색 모자를 빌려달라고 사정한다. 영화 주인공 모습을 재현하는 데 검은색 정장 모자가 꼭 필요하단다. 큰아들은 정신분열증의 과학자 모습을 꾸민다고 자신의 실습복을 입고 머리를 산발한 후 선글라스를 쓰고 거울을 본다. 딸은 아무 대책이 없다고 투덜댄다. 이렇게 재잘거리는 자식들 셋을 다 곁에 두고 있는데도 가을바람은 자꾸만 내 가슴을 헤집고 들어온다. 이국의 바람은 더욱 차갑다.

Password *****, 문을 연다. 언제나처럼 그이가 빙긋이 웃는다. 내장산은 가을빛으로 활활 타오르고 있다. 송창식, 윤형주, 김세환, 양희은의 콘서트가 열린단다. 그들의 노래는 얼마나 많은 내 또래의 중년들을 타임머신에 태워 옛날로 싣고 갈 것인가? 서울행 티켓이 얼마인지 묻는다. 언제요? 글쎄……. 내 생일 전전날을 댄다. 정처 없는 방랑은 허용되지 않는다. 돌아올 날을 기약해야 한다. 생일 지난 두 주일 후쯤으로 날짜를 잡는다. 550GBP. 다른 날을 더듬는다. 먼저 것보다 더 비싸다. 이제 나는 바쁘다. 그보다 더 싼 비행기 표를 찾아 여기저기 헤매고 다닌다. 더 싼 비행기 표는 몇 개나 더 있다. 그러나 나는 한참 펄럭이던 마음을 다독이며 접어둔다.

30여 년 전, 서울역 앞 세브란스 빌딩 뒤편으로 광주 고속터미널이 있었다. 가끔 토요일 오후면 나는 그곳을 찾곤 했었다. 버스를 타기 위해서라기보다는 고향 사람들의 말소리를 들으러 간 날들이 더 많았다. 낯선 사람들, 그러나 모두 다 데자뷰 현상으로 전혀 낯설지 않은 그들의 왁자지껄한 목소리, 내가 쓰는 사투리보다 더 짙은 그들의 고향 사투리를 듣는 것이 좋았다. 이제 나는 자주 서울행 비행기 표를 찾으러 여행사의 웹 사이트를 방문한다. 거기 고향 사람들의 몸짓은 없다. 대합실이 없는 매표소는 썰렁하다.

바람 한줄기 휘익 지나는가 했더니 낙엽이 새처럼 푸드득 난다. 가을인가!

낙엽을 보니 구르몽의 시가 생각난다. "시몽, 너는 좋으냐 낙엽 밟는 소리가……." 구르몽을 만나기 위해 부지런히 길을 떠난다. 마침내 만난 그의 시는 알 수 없는 암호로 나를 어리둥절하게 한다. 보기, 인코딩, 나의 모국어로 그의 시를 읽는다. 빠리의 가을을 느낀다. 어느덧 나는 미라보 다리 위에서 세느 강을 내려다보고 있다. 올 가을 들어 벌써 많은 곳을 여행했다. 발보다 더 빠른 걸음으로, 비행기보다 더 빠른 속도로 내 검지손가락 하나가 세계 이곳저곳을 누비며 내가 원하는 곳을 요술처럼 내 앞에 옮겨왔다.

나는 내게 필요한 것을 찾아다니지 않는다. 그것들을 내 앞에 불러온다. 내가 필요로 하는 것들은 늘 준비 태세를 갖추고 있다가 버튼 하나만 누르면 빠른 속도로 내게 다가온다. 그것이 구체적인 사람이든 물체든, 추상적인 생각이나 이론이든, 요술 호리병 속에 담겨있던 그것들은 나의 부름에 "네, 주인님!"하며 시공을 초월한 걸음으로 내 앞에 사뿐히 내려온다.

외국에 사는 나에게 인터넷은 늘 고향으로 달려가는 지름길이다. 복숭아꽃 살구꽃 아기 진달래가 피는 그곳에 인터넷을 통하여 달려간다. 아, 지금은 늦가을! 감나무에 감은 어찌 됐을까? 잎은 다 떨어지고 까치밥 하나 남아있을 테지. 마당 너른 집에 방들이 참 많기도 하다. 우물가에 들러 아낙네들의 수다를 통해 동네 소식도 듣고, 언성을 높이며 논쟁에 열중인 사랑방도 기웃거려본다. 방마다 고향 소식들이 가득하다. 벌집보다 더 닥지닥지 달라붙어 있는 인터넷 속의 방들, 그 방문들을 여기저기 열어본다.

중학교 때 글짓기 제목으로 '길' '창' '문' '기다림' 같은 것들이 많이 쓰였다. 시 제목도 서술적으로 많이 바뀐 요즘은 그런 글 제목들이 촌스럽게 느껴진다. 그러나 여전히 그 단어들은 우리 가까이에 있다. 우리는 어떠한 형태의 길이든 끊임없이 가고 있고, 앞에 있는 미지의 문을 계속 열고 있다. 인터넷이 그 길과 문의 역할을 톡톡히 하고 있는 세상이다. 인터넷의 세상엔 참 신기하게도 과거로 가는 길과 미래로 가는 길이 공존한다. 허리가 휘청거리고 어깨가 쑤시는 현실과 향기로운 꽃이 피어나는 꿈나라가 공존한다. 그곳에선 내 인생은 내가 관리한다. 부모님처럼 땅에 발 붙이고 사는 방법과 새처럼 날면서 사는 방법으로 인생을 두 번 살아볼 수 있는 세상이기 때문이다. 세상을 두 가지의 서로 다른 방법으로 살아볼 수 있는 것보다 더 매력적인 일이 또 있을까?

나는 자주 인터넷 마을에 놀러 간다. 도시의 한가운데를 활기차게 가로질러 커다란 쇼핑센터에 물건을 사러 간다. 비행기로 열네 시간 날아가야 만날 수 있는 사람에게 장미꽃 바구니를 사 보내고, 런던의 리전트 파크 벤치에 앉아 읽으려고 도올의 『노자 강의』도 산다. 도서관에 들러 신간 서적들도 훑어보고, 네팔 산파시미나 숄의 한국 시세와 런던 시세도 비교해본다. 영국 사람과 전혀 다른 체형과 다른 피부색의 한국 사람이 그들과 똑같은 패턴의 '버버리'를 입는 것에 대해 전문가에게 물어본다. 디자이너들은 키 큰 사람과 작은 사람, 살찐 사람과 마른 사람, 피부가 검은 사람과 흰 사람이 입는 옷은 서로 다르다고 말한다. 저녁엔 색다른 음식을 장만하려고 여기저기 요리 선생들을 찾아 다니며 배운다. 비방이라고 하는, 그러나 다 공개된 특별 조리법을 배운다. 자주 놀러 가는 방에 들어가 거기 모인 여자들과 함께 수다도 떤다. 갑자기 모국어가 낯설다. 검지를 움직여본다. 'ㅛ'보다는 'ㅕ'의 자판을 누르는 것이 좀 편리한 것도 같다.

철학자연하며 오솔길을 따라 산책도 한다. 몇 백 년 전, 사람들에게 깊이 생각할 과제를 잔뜩 남기고 간 많은 지식인들이 저작권 시비와 상관없이 그들의 사상을 인터넷 마을에 무료로 던져주었다. 정말 고마운 일이다. 대학교수로 있는 친구의 학교에 들어가 자료실에서 그의 논문을 읽는다. '내가 설거지하는 동안 너는 책 읽었구나' 하면서 이해하기 어려운 논문을 읽는다. 우리 교회에 들러 목사님의 설교 말씀도 듣고 그리운 교우들의 동정도 살핀다. 본향으로 돌아가실 때가 머지않은 어느 할머니께서 보호시설 '사랑의 집'으로 가셨다는 글을 눈물로 읽으며 우리 어머니와 나, 나와 우리 아이들의 애정을 점검해본다.

머리 큰 아들들 눈치 볼 것 없이 학교에 직접 찾아가 궁금한 것을 다 알아본다. 치맛바람을 펄럭이지 않고도 강의 시간표, 가르치는 교수의 약력과 저서를 다 알 수 있다. 기출 시험문제들을 복사한다. 중요한 자료다. 아무짝에도 쓸모 없는 문제를 내는 교수는 없을 테니까. 큰아들을 생각하며 여기저기 대학원을 기웃거린다. 아무도 문전 박대하지 않는다. 어디에서든 'WELCOME'이다. 그이의 거래처에 당당히 들어가 방금 몇 초 전에 띄워놓은 새 소식을 본다. 염탐이 아니다. 정문을 통하여 들어간다. 아쉽게도 깊은 곳에 은밀히 숨겨놓은 보따리는 찾을 수가 없다. 출입이 쉬운 이유는 그들이 풀어놔도 괜찮을 보따리만 풀어놓기 때문임을 알면서도 늘 그냥 지나치지 못하고 들른다. 인터넷 마을에는 이정표가 적재적소에 있다. 길눈 어두운 나에게 상세한 약도를 보여준다. 새로 이사간 곳에서 온 동네를 손바닥 위에 올려놓고 들여다볼 수 있는 곳이 바로 인터넷 마을이다. 교회, 슈퍼마켓, 병원, 약국, 버스 정류장, 도서관처럼 중요한 곳들은 약도를 아예 저장해둔다.

이곳저곳 헤매는 가운데 가장 즐거운 일은 내가 좋아하는 옛날 가수들을 만나는 일이다. 존 바에즈, 나나무스크리, 레오나르드 코헨……. 이런 사람들의 노래로, 갈라질 지경으로 건조해진 가슴을 촉촉히 적시는 일은 인터넷이 주는 즐거움 중에서 으뜸이다. 종일 놀다가 돌아오는 길에 우체국에 들러 그이에게 편지를 쓴다. 그이는 내 편지를 기다리고 있었을까. 그이가 멋쩍게 웃으며 우체국 문을 열고 쑤욱 들어온다. 친절한 그이는 어머니와 애프리의 사진까지 가지고 온다. 어머니의 주름골이 깊다. 애프리의 털이 올올이 선명하다. 디지털 카메라가 너무 비싸다고 못 사게 말렸었는데……. 나는 느낀다. 내가 서울 집에 어머니와 그이와 애프리와 함께 있다는 것을.

지금까지 살아오는 동안 나는 숱한 길을 걸어왔다. 낯선 길, 갈림길, 동행자와 함께, 때로는 혼자서, 여러 길을 걸어왔다. 길 끝에는 언제나 문이 있었다. 문은 열 때마다 미지의 세계였다. 발을 들여놓는 일은 쉽지 않았다. 그 문에 도달하기까지엔 또 얼마나 많이 한눈을 팔았던가. 안톤 슈낙이 「우리를 슬프게 하는 것들」을 열거한 그 이상으로 거리엔 우리를 유혹하는 것들이 널려있다. 인터넷 세상도 역시 마찬가지이다. 거리거리마다 달콤한 유혹과 두근거리는 호기심이 널려있다. 문을 열고 발을 내디딜 땐 신중한 걸음이 필요하다. 검증되지 않은 설익은 지식들, 편식하는 사람의 맛에 대한 주관적인 평가, 당사자는 판이 벌어진 줄도 모르는 상태에서 활활 타오르는 마녀사냥의 불길, 늪처럼 헤어날 수 없는 관음觀淫의 유혹들, 마비되는 시간관념, 접하지 않으면 안절부절 못하는 금단현상……. 인터넷 마을에도 현실 세계와 다름없는 독버섯이 음지에서 자라고 있다. 독버섯 특유의 아름다운 색채를 띠고.

나는 이미 인터넷 마을의 여러 길들에 익숙하다. 그러나 늘 조심조심 걷는다. 길을 가다가 맨홀에 빠지기라도 하면 큰일이니까.

콤플렉스, 그와의 시소 놀이

"콤플렉스 – 1.(심)정신분석학 용어. 개인의 심적心的 내용 중에서, 억압된 사고思考 욕구가 서로 착종錯綜되어 있는 관념의 복합. 2.열등감 3.합성물. 화합물."

콤플렉스에 관한 글을 시작하려다가 문득 내가 그 단어를 제대로 이해하고 있는지 확인하려고 국어사전을 찾았다. 사전엔 위와 같이 풀이되어 있다. 다시 '착종'을 찾아본다. 없다. 내가 가진 국어사전엔 '착종'이란 단어가 올라있지 않고, 컴퓨터의 모니터에도 자동검색 결과 빨간 밑줄이 그어진다. 다행히 한자가 삽입되어 있으니 그 뜻을 알기는 하겠다. 뜻을 알고자 사전을 찾는 사람에게 원래 단어보다 더 어려운 단어를 조합해서 설명하는 사전, 그래도 아쉬운 대로 그 사전을 옆에 끼고 산다.

콤플렉스에 대한 기억들을 더듬어보면 가장 오래된 기억은,

내가 콤플렉스를 느꼈던 기억이 아니라, 내가 콤플렉스를 느끼지 않았던 기억이다. 그런데 이 단어를 주제로 글을 시작하는 이유는 내게 콤플렉스가 있다는 증거인지. 맞장구칠 짝도 없는, 반박할 구경꾼도 없는 말놀이를 혼자 해본다.

'나는 콤플렉스가 없다. 자신한다. – 아니다. 너는 콤플렉스가 있다. 분명히 있어. 나는 콤플렉스를 극복했다. 그래서 이렇게 자신있게 콤플렉스라는 주제로 글을 쓰는거야. – 아니다. 너는 아직도 콤플렉스에서 해방되지 못했어. 거기 매어있는 거야. 그러니까 글을 쓰려는 네 머리에 콤플렉스라는 주제가 떠오른 거라구. 그런 걸까? 내가 정말 어떤 콤플렉스에 매어있는 걸까? – 그렇다니까. 그러지 않고서야 어찌 글 제목이 콤플렉스가 된 거야? 몰라, 몰라, 몰라. 콤플렉스에 대한 내 최초의 기억은 '나는 콤플렉스를 못 느꼈다'는 것임은 분명해.'

고등학교 졸업 후, 봄을 지내며 어느 정도 변화에 적응하고 제자리를 잡은 우리들은 동창회를 했다. 여름방학을 앞둔 초여름이었던가. 졸업 후 처음 만난 우리들은 교복을 벗은 모습을 서로 신기한 듯 훑어보았다. 대학의 봄 축제가 끝난 얼마 후였었다. 첫발을 디딘 서울 생활, 캠퍼스에서 있었던 일들을 얘기하고, 교양과정에 있으면서도 마치 전공을 오래 한 사람처럼 자기 전공에 대한 식견에 열변을 토하고, 그것이 프레시맨들의 특징인지, 몇몇이 모여 서로 풀어놓은 보따리는 이것저것으로 진기했다. 우리들의 목소리는 얼마나 낭랑했던지!

서울에 올라와 직장생활을 하며 나와 몇 번 만나기도 했던 한 친구가 동창회에 나오지 않았다. 나중에 알고보니 모두들 대학생이 되어서 모이는데 대학에 가지 않은 모습으로 나오기가 싫어서 일부러 안 나왔단다. 내가 다닌 고등학교는 대학 진학을 목적으로 들어오는 학교기 때문에 우리 동창들은 거의 다 대학에 갔고 몇몇 동창들만 진학을 하지 않았다.

나는 졸업하기 전해의 12월부터 취직이 되었고, 직장생활을 하면서도 대학생인 동창들을 자주 만났었다. 그 친구가 그런 생각을 하고 있는 것이 너무 딱했고, 그가 그런 생각에서 벗어나도록 많은 조언을 했다. 네가 그렇게 생각하고 동창회에도 안 나온다면 너는 정말 못난 애라고 핀잔도 주고, 사람이 가는 길이 서로 다른데 무슨 우열이 있어서 옛 친구들을 안 만나느냐고 구박을 했다. 끝내 그 친구는 우리들의 모임에 잘 참석하지 않는다.

그때 생각난 단어가 바로 '콤플렉스'. 그 친구는 콤플렉스에 시달리며 우울해했고, 나는 전혀 콤플렉스를 느끼지 않았었다. 대학에서 공부한 사람들이 나보다 훨씬 낫다는 생각을 안 하고 지내는 나, 콤플렉스가 없는 것이 아니라 그것을 의도적으로 무시하는 것은 아닐까? "강한 부정은 강한 긍정을 의미한다"는 말처럼. 그 친구가 내게 '콤플렉스'라는 단어를 떠올리게 하기 전까지는 나는 정말 콤플렉스가 없었다. 그게 있고 없고를 떠나서 그런 용어가 내 머릿속에 들어와 있지도 않았다. 나와 관계없는 단어였다. 그러나, 내가 그 단어를 인식하기 시작한 이후, 그 단

자화상

가슴을 열면
거기
쪽 빛 하늘, 가끔은 눈이 멀 것 같은
목화 빛 구름, 달콤한 꿈을 뭉쳐놓은 솜사탕 같은
금 빛 새, 태생지로 날아가는
나뭇잎 색 심장, 나에게 수액을 공급하는
햇살 색 꽃잎, 터지지 않은 꽃망울의 기억이 남아있는
비둘기 색 우표, 너 또는 그에게 내 마음 싣고 가는
산머루 빛깔 낱 자字들, 詩를 빚을 수 있는
그리고
흙 색깔 깊은 항아리, 나이를 곰삭이고 있는

가슴을 열면
거기
또 하나의 나, It's me! I'm here!
이렇게 외치고 있는.

2011. 7.7

〈자화상〉
125/215×55mm. Box. 2012.

어는 나를 구속하고 명령하기 시작했다. 나는 저항했다. 그와 힘겨루기를 시작했고, 때로는 주저앉아 엉엉 울고, 때로는 그를 짓밟고 일어서 만세를 불렀다. 그로부터 나는 콤플렉스와 끈끈한 관계를 맺고 살게 되었다.

콤플렉스! 그는 나와 동행하며 내 삶의 추진제 역할을 톡톡히 했다. 오늘 내가 선 곳까지 나를 밀어붙인 것도 바로 그였고, 멀리뛰기를 할 때 도움닫기 발판이 되어준 것도 바로 그였다. 나의 오늘, 별로 내세울 것도 없는 오늘, 그래도 글을 씁네 하고 컴퓨터 자판이라도 두드릴 수 있게 된 오늘까지 나를 밀어준 것은 극성스런 부모님의 후원도 아니고, 지성의 상아탑이라는 대학도 아니다. 콤플렉스, 그가 나와 시소 놀이를 하며 나를 올려주었다. 내가 땅바닥에 닿아있으면 그가 반대편에서 무거운 무게로 눌러주고, 그러면 나는 다시 땅에서 높이 올라가고, 내가 다시 땅으로 내려오면 그가 앉은 쪽이 높이 올라가고, 다시 그의 무게가 묵직하니 짓누르면 나는 또 올라가고. 그의 무게가 무거워야만 내가 올라갈 수 있는 시소 놀이. 내가 그와 함께 같은 쪽에 앉으면 절대로 올라갈 수 없다. 둘이 다 그저 땅에 발을 붙이고 있을 수밖에. 서로 반대편에 나누어 앉아야만 놀이를 할 수 있는 것이 시소의 특징이다. 다행히 나는 그의 반대편에 자리를 잡고 앉아 그와 시소 놀이를 할 수 있었다. 콤플렉스, 그와의 반대편에 자리를 잡은 것이 내 인생의 행운이었다고나 할까. 함께 노는 동반자. 그러나 붙어있지 않은 동반자. 반대편에서 서로 띄워주는 동반자. 콤플렉스, 그와 나는 시소 놀이의 동반자였다.

시소의 또 하나의 특징은, 상대편의 무게가 가벼우면 반대쪽의 사람이 올라갈 수가 없다. 상대편의 무게가 묵직해야 반대쪽 사람이 떠오를 수 있다. 그러나 서로 엇비슷해야 놀이가 재미있지, 무게가 확실히 차이 나면 놀이를 할 수 없다. 계속 땅에 붙어있거나, 계속 공중에 떠있는 상태에서 그 위치를 바꿀 수 없다. 콤플렉스, 그의 무게가 나만큼 묵직했던 것이 또한 내 인생의 행운이었다. 내가 계속 그가 누른 무게 때문에 공중에 둥둥 떠있었거나, 그의 가벼움 때문에 땅만 지키고 있었으면 내 인생은 편협함을 벗어나지 못했을 것이다. 나에게 혹 남보다 조금이나마 더 나은 점이 있다면, 남들 모르는 것을 다만 몇 가지라도 더 알고 있는 것이 있다면, 남들이 하지 못하는 일을 나는 약간이나마 흉내라도 내는 것이 있다면, 그건 모두 내가 지닌 콤플렉스 덕분이다.

콤플렉스, 그가, 남들보다 좀 더 나은 인물로 평가받도록 나를 채찍질하며 몰아붙였고, 남 모르는 것도 알 수 있도록 나의 밤을 밝혀주었고, 남들 못하는 일을 할 수 있도록 나를 부추겼으니 나는 그의 덕을 톡톡히 본 셈이다.

대학 공부를 하지 않은 콤플렉스가 나를 부추겨서 그랬는지, 나는 정치학을 전공한 남편의 변두리를 맴돌며 마키아벨리의 『군주론』을 읽었다. 선거심리학에서부터 조직론까지 기웃거리며 읽었다. 그가 무역업을 시작한 얼마 후부터 나는 경제학 개론서를 읽기 시작했고, 그의 귀가가 늦어지는 날들은 국제무역에 관한 책을 읽으며 오히려 앞이 서서히 밝아지는 개안의 기쁨을 즐겼다. 아이들이 꼬물꼬물 재롱을 떨 무렵부터는 아동심리학, 교육학 책들을 읽었다. 독학한 책에서 배운 피아제 이론을 아이들에게 적용해보기도 했다. 학령기가 된 아이들의 학습을 돕기 위해 꾸준히 관련 참고서들을 보았고, 청소년기에 접어든 아이들과 터놓고 지내는 사이가 되려고 대중문화에도 눈길을 주었다.

이러한 나의 노력은 콤플렉스가 무겁게 느껴질 때 더욱 열심이었다. 그 무게만큼의 반동으로 나는 뛰어올랐다. 내가 뛰어오른 높이는 콤플렉스의 무게와 반비례한 만큼이었다. 걸신들린 사람처럼 이것저것 허겁지겁 섭렵했던 것은 콤플렉스 때문이었다. 콤플렉스, 그가 나에게 "See?"하고 물으면 나는 의기양양하게 답했다. "Saw!"

이 글을 쓰는 동안 느닷없는 물음표 하나가 휙 날아와 내 가슴에 박힌다. 물음표의 갈고리가 나를 깔짝댄다.

"너는 이제 콤플렉스를 극복한 거야? 이제 콤플렉스가 없다고 자신할 수 있는 거야?"

답을 찾는다.

"나는 콤플렉스에 콤플렉스가 있는 것 같아."

"… ? …"

"… ? …"

물음표란 놈은 원래 갈고리 모양이라 한번 콱 박히면 뽑아내기가 쉽지 않다. 그 물음표 하나 아직도 내 가슴에 그냥 박혀 있다.

여기에 실린 글들은 오래 묵은 것들이 많다. 북아트 작품은 그리 오래되지 않았다.

북아트는 적당한 그릇이 없어서 담지 못하고 있던 나의 글들을 제 그릇 찾아 담아주고 멋스럽게 치장까지 해주는 작업이다

우리 사회에서는 세계적으로 널리 사용되는 '아티스트 북Artist's Book'이라는 용어보다는 '북아트'라고 불리고 있지만 이 용어가 과연 적당한지 가끔 고민을 하곤 한다. '예술가의 책Artist's Book'이라고 명명하기엔 '책'이라는 말이 좀 걸리기 때문인지도 모른다. 다이어리, 앨범, 노트, 사진틀, 명함케이스, 통장지갑 등등 '북아트'라는 이름을 달고 만드는 것들의 대부분은 아름다운 표지와 독특한 바인딩이 훌륭하게 돋보이지만 그 안은 비어있는 공空책이기 때문이다. 그런 이유로 예술가의 책이라는 말이 부담스러울 수도 있을 것이다. 나는 책이라는 말의 부담보다는 예

술가라는 말의 부담 때문에 그냥 '북아트'라고 쓴다.

아름다운 표지, 독특하고 신기한 형태, 눈길 끄는 바인딩, 이러한 책 디자인의 예술적인 면이 우월하지 못함을 자인하는 일이 유쾌하지는 않다. 그러나 열등하다는 생각도 안 하기로 했다. 작업에 임하는 태도에서 약간의 긍지를 가지기도 한다. 첫눈에 보기 좋은 것보다는 보관할 때 가치 있는 재료를 사용하려 했고, 좋은 내용을 담기 위해 많은 시간을 콘텐츠 구성에 투자했고, 그 내용과 잘 조화를 이루는 색깔과 형태를 고민했다. 만드는 기술의 습득과 연습보다는 무엇을 담을까, 어떻게 표현할까에 더 많은 마음을 쓰고 더 많은 생각을 했다. 내가 담고 싶은 것, 내가 표현하고 싶은 것을 손재주 좋은 사람에게 부탁하여 만들 수도 있다는 생각이기 때문이다. 그러나 담아야 할 내용은 나 스스로 생각해야 그 책이 내 것이라는 생각이다.

출판사 '글을읽다'의 김예옥 대표님께 깊은 감사의 마음을 전한다. 나의 '책 냄새 나는 도록'을 만들자는 생각을 적극적으로 격려해주신 분이다. 신혼에 종일토록 작품사진 촬영을 해준 김태경 님에게도 감사의 마음을 듬뿍 전한다. 한 컷을 위해 수십 배의 촬영을 해준 성의에 감사한다.

작고하신 박정오 목사님께서 이런 말씀을 하셨었다. "장례식 때 목사가 거짓말 하게 하지 말고, 그거 참 제대로 잘 좀 사시요." 김기석 목사님께 서평을 부탁하면서 그 의미 있는 말이 생각났다. 서평 쓰시는 분에게 거짓말하게 만드는 것은 아닌가. 그러나 나를 가장 잘 알고, 오랜 시간 곁에서 지켜보신 분이니 그 분께 서평을 부탁할 수밖에 없었다. 늘 고맙고 감사한 마음, 그 마음이 이번 책을 내면서 더욱 크고 크다.

편집과 출판 과정에 수고하신 모든 분들께 감사하고, 내 삶의 버팀목이 되어주는 가족들과 나의 사랑하는 모든 이들에게 감사의 마음을 전한다.

아! 사진을 마음대로 쓰게 해준 강덕구 님, 아름다운 시를 보내준 이희열 님, 이 두 친구들에게도 고마움이 크다.